典型家庭林业合作组织制度：
比较、选择与多样化发展

谢和生 著

中国商业出版社

图书在版编目(CIP)数据

典型家庭林业合作组织制度：比较、选择与多样化发展 / 谢和生著. --北京：中国商业出版社，2018.3
ISBN 978-7-5208-0179-9

Ⅰ.①典… Ⅱ.①谢… Ⅲ.①林业经济-经济合作组织-研究-中国 Ⅳ.①F326.2

中国版本图书馆 CIP 数据核字(2018)第 011636 号

责任编辑：黄世嘉

中国商业出版社出版发行
(100053 北京广安门内报国寺 1 号)
010-63044798 www.c-cbook.com
新华书店经销
天津市蓟县宏图印务有限公司印刷

*

787 毫米×1092 毫米 1/16 开 10 印张 240 千字
2018 年 9 月第 1 版 2018 年 9 月第 1 次印刷
定价：39.80 元

* * * *
(如有印装质量问题可更换)

致 谢

本书部分研究内容为中国林业科学研究院中央级公益性科研院所基本科研业务费专项资金项目---典型家庭林业合作组织制度：比较、选择与多样化发展（项目编号：CAFYBB2014MC003)的研究成果，本书的出版得到了该项目的资助，在此表示衷心感谢！

序

《典型家庭林业合作组织制度：比较、选择与多样化发展》一书是笔者在博士论文的基础上完成的，经过近几年对我国深化集体林权制度改革中关于家庭林业合作组织科学、规范和现代化发展问题的进一步思考和研究所取得的重要成果。

自集体林权制度主体改革开展以来，集体林区农村基本经营制度发生了变化，由集体林业为主导向家庭林业为主导转变。尽管家庭较以往获得了更多的林地规模，但家庭林业其他生产要素并没有得到进一步改善，家庭林业现代化发展依然面临着资金、技术、劳动力和信息等投入要素的短板。为了应对家庭林业现代化发展的这些制约要素，开展合作、实现规模经济是家庭林业现代化发展的重要途径。于是，集体林区各地农村纷纷出现了林业专业合作社、林业专业协会和家庭股份合作林场等类型的家庭林业合作组织。在这一背景下，如何科学引导与激励当地农户自主成立运行家庭林业合作组织，形成真正的"民办""民管""民受益"的合作组织；不同的家庭林业合作组织之间有哪些制度差异，发展过程中存在什么问题；在这些不同类型的家庭林业合作组织面前，当地农村社区该如何科学合理地选择适合当地实际情况的家庭林业合作组织来进行合作经营，这些都是当前需要亟待理清的问题。《典型家庭林业合作组织制度：比较、选择与多样化发展》将林业专业合作社、林业专业协会和家庭股份合作林场这三个典型的家庭林业合作组织制度作为研究对象，逐步揭示当地农村社区的家庭林业合作组织发展的经济规律和存在的问题。在选题上紧扣当前政策的需要，不但具有一定的理论价值，还具有较强的实践指导意义。

《典型家庭林业合作组织制度：比较、选择与多样化发展》一书，在界定"家庭林业合作组织"和梳理国内外家庭林业合作组织发展与研究的基础上，首先对家庭林业合作组织的内生机制进行了理论探讨和案例分析，以揭示农户从非正式制度合作向正式制度合作转变的经济动因，为如何有效引导农户自主组建家庭林业合作组织提供了理论依据。进而通过构建微观（运行制度）、中观（利益相关者）和宏观（发展制度环境）三个层次的制度分析框架，并结合案例，对林业专业合作社、林业专业协会和家庭股份合作林场这三个典型的正式制度合作方式进行了制度剖析和比较，有利于从内而外科学地认知不同家庭林业合作组织的属性、运行规律和发展问题。在比较的基础上，进一步探讨了家庭林业合作组织多样化选择的机理，为科学推广与合理培育适合当地的家庭林业合作组织提供了理论依据。最后还提出了未来家庭林业合作组织发展的路径和现代化发展对策。本书的研究内容遵循以上研究思路逐渐展开，内容环环相扣，每部分展开的研究内容，既有建立在理论分析框架上的理论分析，还运用了各种浅显的理论模型，并结合具体的典型案例分析对研究问题提供了很好的解释力，这是本书的一大特色。本书结构设计合理，研究思路清晰，分析严谨，资料丰富详实，案例分析具体，理论和实践结合紧密，具有一定的理论基础和调查实践。希望本书的出版能为引导家庭林业合作的工作者有一定的帮助，能为从事家庭林业现代化发展事业的学者提供有价值的参考文献。

当然，家庭林业及其合作组织的现代化发展需要各界的共同努力与不断探索，本书也只是一个初步而有益的探索之一。今后笔者将在现有研究基础上进一步开拓思路，深化研究内容，为集体林区的产业兴旺和乡村振兴贡献一份微薄之力。

作　者

2018 年 5 月 28 日于中国林业科学研究院

摘 要

党的十九大提出了乡村振兴战略。产业兴旺是乡村振兴战略的首要目标,集体林区实施乡村振兴战略则要以家庭林业现代化为抓手,首先实现集体林区的产业兴旺。但由于当前我国集体林区的农村社会经济正处于全球化和城镇化的浪潮中,全球化带来了拥有先进技术和雄厚资金等林业生产要素的外资企业,将对集体林区的传统经营与生产形成竞争压力。城镇化使得我国普遍存在兼业型的农民和长期在外务工的农民,形成了留守农村的劳动人口逐渐减少和农村人口年龄的两极化。由于农林生产的比较利益较低,投资农林生产的机会成本可能非常高,农林生产资金和农村优秀的人力等生产要素不断外流,造成了我国农村当前林业生产资金及有较高知识和技能的劳力生产要素非常稀缺。

随着集体林权制度改革的深化,集体林区林业产业从集体林业向家庭林业发生了转变,家庭成为了集体林区的经营主体,但家庭林业的发展依然存在很多短板。为了弥补家庭林业发展的短板,集体林区形成了各种各样的家庭林业合作组织,以实现规模经营和服务。在集体林区于各地的实践过程中,农户的非正式制度的合作行为非常普遍,如何促进集体林区的农村社区自发组建家庭林业合作组织,现有实践中典型的家庭林业合作组织有哪些制度差异,发展中存在哪些问题?在这些不同的家庭林业合作组织之间,集体林区的农户是如何进行选择的?

基于以上背景与问题,本研究以新制度经济学的制度变迁、交易费用、产权、利益相关者、企业治理等作为理论基础,运用委托代理模型、博弈模型和利益分配模型等分析工具,并通过构建不同形式的家庭林业合作组织的利益分配模型,着重研究集体林权制度主体改革后家庭林业合作组织内生的问题,运用内部运行制度(微观)、外部利益相关者(中观)和发展制度环境(宏观)三个层次的制度分析框架来比较与评估林业专业合作社、林业专业协会和家庭股份合作林场这三种典型家庭林业合作组织的制度及发展问题,进一步探讨这些家庭林业合作组织的选择问题,从中提出我国家庭林业合作组织发展路径与对策,初步得出了以下结论。

1.集体林区农户非正式制度合作行为非常普遍,只有当农户自发组建运行家庭林业合作组织的交易费用足够低,使得农户通过家庭林业合作组织这类正式制度合作获得的预期总效用大于非正式制度合作获得的预期总效用之时,农村社区才会出现合作组织的内生动力，才能形成真正的"民办""民管"和"民受益"的家庭林业合作组织。

2.林业专业合作社运行制度最为复杂，虽然内部交易费用较高，但拥有较好的外部利益相关者的支持，而且现有发展制度环境最佳；林业专业协会运行制度较简单，发展制度环境也比较良好，但对外部利益相关者的依赖性较大；家庭股份合作林场运行制度也比较简单，但外部利益相关者的支持和发展制度环境比较弱，甚至处于空缺状态。

3.家庭林业合作的多样化主要是在当前林产品交易制度环境下农户关于交易成本的理性选择的结果。木材林产品交易具有资产专用性高、交易不确定性大和交易频率低三大明显特点。这些特点主要来自于森林经营资产的高度专用性、森林经营过程不可预测的风险性和森林经营周期的长期性。在这三个特性的共同影响下，致使农户进入市场的交易费用很大。因此，农户所针对自己的林业生产要素实际禀赋情况，通过选择不同的家庭林业合作组织降低交易费用。

具体而言，在森林立地条件好，但家庭经营林地规模不大，为了寻求林地的规模经营，并以木材林产品生产为主的农村，农户可以选择组建家庭股份合作林场进行合作，以实现林地的规模经营。而对于市场竞争激烈、行情不佳、销售压力大的林产品，以并生产周期较短的非木材林产品为主的农村，农户则可以选择组建林业专业合作社这类紧密型的专业合作组织，减少每户家庭的市场交易成本，以较高的交易频率实现较快的资本回报和盈余二次分配，并补偿较高的组织内部交易成本。农户也可以通过选择林业专业协会这类专业化合作服务的途径来实现"小规模经营、服务规模化""经营在户、服务在组织"的规模经营，由于其组织成本较低，所以适合各类林产品属性的专业服务。

4.家庭林业合作组织现代化发展应遵循"促进合作与规范运行→经济实力与能力增强→社会影响和作用扩大"的路径。组织系统现代化、组织人力资源的培育、组织信息化、品牌化、融资体系建设、森林保险制度和扶持政策体系建设是未来中长期需要加强的发展对策。同时，还要加强组织发展的法规、管理部门与干部队伍和利益相关者协调等方面的政策环境建设。

关键词：家庭林业合作组织，集体林权制度改革，林业专业合作社，林业专业协会，家庭股份合作林场。

Abstract

The Rural Revitalization Strategy was put forward at the 19th National Congress of the Communist Party of China, and industrial prosperity was the primary goal of the strategy of rural revitalization. But rural social and economy in China is on the wave of globalization and urbanization. Foreign forestry companies with advanced technology and abundant capital has been come into China, formatting competitivity to rural traditional forest management and production. There are many farmers who work in agriculture and nonagricultural or work in city overtime because of urbanization, formatting rural population gradually decreased and the labor force with polarization of the age left behind. Because of low comparative advantage of agricultural, the opportunity cost of investment in agriculture can be very high. The labor with knowledge and skill and capital elements has been very scarce resulted from the continued outflow of excellent human capital and forestry production capital.

As the deepening of Collective Forest Tenure Reform (CFTR), forestry in collective forest area are changed from the collective forestry to family forestry. Family became the main body of collective forest management, but family forestry development still exists a number of short boards, in order to solve the issues, in the collective forest region it formed a variety of Family Forestry Cooperative Organizations (FFCOs) for realizing scale management and services. In the practices, farmers' informal institutional cooperative behavior is also very common, how to promote the rural communities in the collective forest region to form the FFCOs spontaneously? What are the institutional differences between the typical FFCOs in existing practices? What are the problems in development? How do farmers choose from these different FFCOs?

Based on background and issues above, some new institutional economics theories of transaction costs, property rights, stakeholders and corporate governance were used and some analysis tools of principal-agent models and game models were applied, and constructing different benefit distribution model for diversified FFCOs, focusing on FFCOs endogenous issue after CFTR, Using three levels of institutional analysis framework of internal operation system (micro), external stakeholders (medium) and the development institutional environment (macro) to compare and evaluate the institution and development issues of Forestry Cooperatives (FC), Forestry Associations (FA) and Family – Stock Cooperative Forest Farm (FSCFF), further exploring the selection of these FFOs. The development path and countermeasures for China's FFOs are proposed, and the conclusions are followed:

(1) informal cooperative behavior of farmers in collective forest region is very common. Only when the transaction costs of spontaneously forming FFCOs is low enough farmers, enable farmers obtain the expected total utility through the formal FFCOs system is greater than that through the informal institution, endogenous impetus of FFCOs is show up and form a truly "run by local people", "managed by local people" and "benefit for local people" FFCOs in rural community.

(2) the operation system of FCs is the most complex. Although the internal transaction costs are relatively high, they are supported by better external stakeholders, and the existing development system environment is the best. The FAs has a simpler operation system and a better development institution environment, but it is more dependent on external stakeholders. The operation system of the FSCFFs is also relatively simple, but the support and development institution environment of external interests is relatively weak, even in the vacancy state.

(3) diversification of family forestry cooperation is mainly the result of farmers' rational choice of transaction cost under the current forest product trading system. The trading of timber forest products is characterized by high asset specificity, large trading uncertainty and low trading frequency. These characteristics mainly come from the high specificity of forest management assets, the unpredictable risk of forest management process and the long – term nature of forest management cycle. Under the common influence of these three characteristics, the transaction cost of accessing to the market is very large. Therefore, based on the actual endowment of forestry production factors, farmers choose different FFCOs to reduce transaction costs.

Specifically, when the site conditions of forest are good, but the scale of family forest management is not large, in order to seek the scale management of forest land and in the rural areas where timber forest products are the main production, farmers can choose to establish a FSCFF for cooperation and realizing the scale management of forest land. For intense market competition, week market, bigger sales pressure of forest products, and at rural where produce cycles – shorter non – timber forest products, farmers can choose to set up a FC such close professional cooperation organization, reduce the market transaction cost for every family, through high trading frequency achieving faster return on capital and surplus distribution, and compensation of higher transaction costs within the organization. Farmers can also choose specialized cooperative services such as FA to achieve "small – scale operation, scale of service" and "managed by households, serviced by organization", because their low organization cost is suitable for professional services of various forest products.

(4) the modernization of FFCOs should follow the path of "promoting cooperation and standard operation — enhancing economic strength and ability — expanding social influence and function". Modernization of organizational system, cultivation of organizational human resources, organizational informatization, branding, financing system construction, forest insurance system and supporting policy system construction are the development countermeasures that need to be strengthened in the future. At the same time, the construction of the policy environment in terms of laws and regulations, management departments' coordination with cadres and stakeholders should also be strengthen.

Keyword: family forestry cooperative organization, collective forest tenure reform, forestry cooperatives, forestry associations, family stock – cooperative forestry farm.

目 录

第1章　导言 1
　1.1　研究背景 1
　1.2　研究目的意义 4
　1.3　研究的主要内容 6
　1.4　研究方法与技术路线 6

第2章　国内外家庭林业合作组织研究概述 9
　2.1　国外家庭林业合作组织研究概述 9
　2.2　国内家庭林业合作组织研究概述 16
　2.3　国内外研究评述 19

第3章　研究的理论基础 20
　3.1　前提假设与理论假说 20
　3.2　重要概念解析与界定 20
　3.3　研究的理论基础 24

第4章　家庭林业合作组织内生机制研究 30
　4.1　引言 30
　4.2　分析框架构建 31
　4.3　二都村家庭林业合作制度及其内生机制 33
　4.3　小结 35

第5章　林业专业合作社制度评估分析 36
　5.1　林业专业合作社概述 36
　5.2　制度分析框架构建 38
　5.3　林业专业合作社的运行机制分析 38
　5.4　林业专业合作社利益相关者理论分析 55
　5.5　林业专业合作社发展制度环境分析 63
　5.6　小结 66

第6章　林业专业协会制度评估分析 68
　6.1　林业专业协会概述 68

  6.2 林业专业协会运行机制分析 ··· 70
  6.3 林业专业协会利益相关者理论分析 ·· 77
  6.4 林业专业协会发展制度环境分析 ·· 79
  6.5 小结 ·· 81
第7章 家庭股份合作林场制度评估分析 ··· 83
  7.1 家庭股份合作林场概述 ··· 83
  7.2 家庭股份合作林场运行机制分析 ··· 85
  7.3 家庭股份合作林场利益相关者理论分析 ································· 91
  7.4 家庭股份合作林场发展制度环境分析 ····································· 93
  7.6 小结 ·· 94
第8章 家庭林业合作组织制度典型案例评估分析 ·························· 95
  8.1 抚顺县红顺中药材种植专业合作社制度评估分析 ················ 95
  8.2 二都村竹业协会制度评估分析 ··· 100
  8.3 加尚村家庭股份合作林场制度评估分析 ······························ 108
  8.4 小结 ·· 112
第9章 家庭林业合作组织多样性选择研究——基于交易费用的范式 ········ 113
  9.1 引言 ·· 113
  9.2 集体林权制度主体改革后林权结构与影响 ·························· 113
  9.3 交易特性与既定制度下交换成本分析框架 ·························· 114
  9.4 农户合作行为多样性选择的交易理论分析 ·························· 116
  9.5 小结 ·· 121
第10章 家庭林业合作组织发展路径与对策 ·································· 123
  10.1 家庭林业合作组织发展路径 ··· 123
  10.2 家庭林业合作组织现代化发展对策 ····································· 124
  10.3 加强家庭林业合作组织发展的政策环境建设 ···················· 127
  10.4 小结 ·· 128
第11章 结论与讨论 ·· 129
  11.1 结论 ·· 129
  11.2 讨论 ·· 131
参考文献 ·· 133

第1章 导 言

1.1 研究背景

1.1.1 农村社会经济的转变

目前,我国正处于全球化和城镇化等社会经济转变的浪潮当中。全球化能够增加人均收入、降低消费品价格,形成更大的消费购买力和经济福利(Curtis,2003;Friedman,2005),为包括林业在内的各个行业铺平了资金竞争的平台。因此,林业投资者能在国际范围内自由寻求获取最高回报的机遇(Franklin,Johnson,2004)。我国集体林区多集中在具有良好光热和气候条件的南方省区,木纤维生长水平较高,轮伐期较短,而且农村劳动力相对富余,相对于国内北方部分省区和国外大多集中在北方的欧美发达国家,我国的集体林更具自然生产力和社会竞争力。相应地,欧美国家的许多林业企业已经逐渐减少本国的林业生产投入,转而开始竞相在我国南方集体林区投资进行林业生产,这对我国既是机遇也是挑战。机遇是这些企业的林业生产将伴随着林区的基础设施建设,为社会提供就业、为部门增加税收,以及由竞争可能带来的技术创新等。挑战则是拥有技术和资金等规模经济要素的这些企业将对本土集体林的经营和生产形成竞争与压力等等,这应该是最大的挑战。

城镇化也是当前我国社会经济的大转变。根据《中华人民共和国2017年国民经济和社会发展统计公报》显示,2017年末全国城镇常住人口为81347万人,占总人口比重(常住人口城镇化率)为58.52%,比上年末提高1.17个百分点。2017年户籍人口城镇化率为42.35%,比上年末提高1.15个百分点。预计今后一段时间,中国城镇化进程仍将处于一个快速推进的时期。城镇化带来的变化不仅仅是农村地貌景观向城镇景观的转变,还包括农村人口向城镇的迁移和聚集。

在这种转变过程中,我国当前农村普遍存在兼业型的农民和长期在外务工的农民,形成了留守农村的劳动人口逐渐减少和农村人口年龄的两极化。由于农村农业生产的比较利益低,投资农业有可能形成较高机会成本。农村优秀的人力资本和农林生产资金等要素不断外流,形成了我国农村当前具有较高知识和技能的劳动力稀缺的状况。

1.1.2 集体林区农村基本经营制度的转变

自20世纪80年代初开展的"林业三定"政策开始,一直到20世纪初的新一轮集体林权制度改革,在坚持林地集体所有,坚持家庭经营基础地位,坚持稳定林地承包关系的原则上,通过赋权的方式,我国集体林区的农村基本经营制度已经由集体林业为主导逐渐向家庭林业为主导转变。

为了充分调动广大农村群众进行林业生产的积极性,进一步解放农村集体林区的生产力,以2003年6月25日颁布的《中共中央国务院关于加快林业发展的决定》为标志,我国启动了新一轮集体林权制度改革。其中,福建、江西、辽宁、浙江等省率先试行,以明晰产权、减轻税费、放活经营、规范流转为主要内容。在坚持集体林地所有权不变的前提下,依法将林地承包经营权和林木所有权通过家庭承包方式落实到本集体经济组织的农户,确立农民作为林地承包经营权人的主体地位,承包期为70年,期满可以续包。这是此次集体林权制度改革的核心内容,也是与以往历次林权制度改革相比较的突破之所在。在试点省区的示范与带动下,2008年6月8日出台了《中共中央国务院关于全面推进集体林权制度改革的意见》,提出了明晰产权、勘界发证、放活经营权、落实处置权、保障收益权和落实责任的主要任务,并明确了完善林木采伐管理机制,规范林地、林木流转,建立支持集体林业发展的公共财政制度,推进林业投融资改革,加强林业社会化服务这几个重要配套措施,标志着我国集体林权制度改革的全面展开。根据国家林业和草原局的统计,除上海和西藏以外,全国29个省、区、市已确权面积27.05亿亩,占纳入集体林权制度改革面积的99%,全国已经发放林权证1.01亿本,发证面积累计达26.41亿亩,占已确权林地总面积的97.65%(国家林业和草原局,2017)。

根据国家林业和草原局的调查,在确权的集体林面积中,家庭承包经营率为91.31%,集体统一经营占5.65%,其他形式承包占3.04%(朱莉华等,2017)。根据2017年7月27日在福建龙岩市武平县召开的全国深化集体林权制度改革现场经验交流会上发布的数据,全国集体林地经济价值达到10多万亿元,其中通过分山到户让1亿多家庭平均每户拥有了近10万元森林资源资产的承包经营权[①]。以上数据显示,经营自家承包林地的普通家庭占了绝大多数,家庭经营将是我国集体林区林业经营的基本面,尤其是欠发达地区,家庭经营不仅是当前的客观现实,而且这种情况将在很长一段时期内难以得到根本改变。

1.1.3 家庭林业现代化发展存在的短板

发达国家的家庭林业非常发达,现代化程度高,并占据了非常重要的地位,其中瑞

---

① 新华社.《我国集体林权制度改革成效明显确权发证基本完成》,新华网,http://www.fj.xinhuanet.com/kfj/2017-07/27/c_1121391535.htm,2018年5月24.

典50%的林地面积为家庭所有,但每年为全国贡献了60%的林业总产出。我国虽然经过集体林权制度主体改革后,家庭林业成为了集体林区林业产业的主导形式,但目前家庭林业的现代化发展依然面临着短板。从影响经济产出的土地、资金、劳力、技术和信息等主要生产或投入要素来观察,通过集体林权制度主体改革,每个家庭仅仅获得了较以往更多的林地面积,但营林育林资金、劳力、技术和信息等生产要素的投入并没有因此得到进一步改善。在营林育林资金方面,小农户家庭自有资金非常有限,而且小规模家庭林业的比较利益低以及林业资源自然再生产特性等均制约了家庭林主成功申请足额的金融资本,而且现有的相关补贴等财政政策也比较倾向于大规模的工业林、企业林和国有林。在劳动力方面,高质量的人力,如接受过高等或职业教育的青壮年劳动力主要集中在非农产业,并不断流向城镇。在技术方面,现代先进的营林育林技术的应用和优良品种的栽培具有一定的人力门槛,人力资产专用性强。在信息方面,包括最新市场和价格信息收集,交易对象甄别,产业政策认知,尤其是林业移动信息服务平台建设,家庭林产品信息向市场传播等方面均存在瓶颈。以上短板都进一步制约了家庭林业的发展。

目前,大部分家庭林业还主要靠劳动力低廉优势、地理优势、气候和土地资源优势等取得收益,林业生产经营组织制度优势和技术优势不明显,家庭小农林业还没有真正同现代林业有机衔接。对于小农户而言,有限的营林育林资金、技术、土地、劳动力等投入要素均制约了当前家庭林业生产方式的转变,大多数家庭林业的生产经营活动仍然只能局限于林产品的初级生产,森林基本上还是依赖于传统经营方式。在未来一段时间内,人多林少依然是我国最基本的国情和林情,家庭林业发展质量效益不高、家庭林业竞争力较弱、家庭林主增收后劲不足依然是集体林区林业发展面临的压力和挑战。

针对家庭小规模经营的局限性与合作的必要性,我国2008年出台的《中共中央国务院关于全面推进集体林权制度改革的意见》中将扶持发展林业专业合作组织,发展林业专业协会纳入到了加强林业社会化服务建设当中。继而《国家林业局关于推进林业专业合作社的指导意见》于2009年8月出台,同年,《林业产业振兴规划(2010-2012年)》颁布,明确提出"大力发展农民专业合作社、家庭合作林场、股份制林场等林业合作组织。国家支持农民林业专业合作社承担林业和山区经济发展建设项目。鼓励发展各类林业专业协会,引导和规范各类林业中介组织健康发展"。将家庭林业合作组织发展纳入到了林业产业社会化服务体系建设中。2011年1月又出台了《国家林业局关于组织开展创建农民林业专业合作社示范县活动的实施方案》,提出在"十二五"期间,培育扶持发展200个示范县和2000个示范社。这些政策的出台与实施充分肯定了国家的重视程度以及家庭合作的必要性和重要性,对于进一步巩固集体林权制度主体改革的成果及集体林的发展将产生重要的推动作用。

1.1.4 家庭林业合作组织实践的多样性

自 2008 年集体林权制度改革在全国铺开以来,家庭林业合作组织发展的数量增长迅速。根据国家林业与草原局关于集体林权制度改革的历年统计,截至 2017 年,全国已成立各类林业合作组织累计 23.4 万个,相比 2009 年年底的 6.79 万个增长了 244.62%,年均增长达 27.18%,共经营林地面积近 4 亿亩,其规模占已经发放林权证的集体林地总面积 26.42 亿亩的 15.14%,主要涉及经济林、用材林、苗木、花卉、木本药材、林下经济、森林旅游等林业产业。

需要明确的是,集体林权制度主体改革后形成的这些农户合作与以往的合作化运动不同,这次并不是林权统一化或者归一,不是收归集体经营,而是在农户获得原集体的林地经营权和林木所有权的基础上,即家庭承包责任制的基础上,进行的林业生产产前、产中和产后的合作,林地的经营权依然在农户或家庭的手中。

根据集体林区各地的实践,目前形成的家庭林业合作组织形式多种多样。根据运行机制来看,通常有林业专业合作社、林业专业协会和家庭股份合作林场三大典型类型。在各地的实践中,有些类型还以不同的形式出现。虽然我国家庭林业合作组织的发展在数量上取得了一定的进展,也出台实施了促进家庭林业合作组织发展的相关法规,但从总体而言,我国家庭林业合作组织发展还呈现出刚起步或初级阶段的规模小、实力差、集约程度不高和影响力不足等特点。

那么在这种情况下,实践中家庭林业合作组织是如何形成的,典型的家庭林业合作组织制度之间有什么差异,家庭合作形式为何表现出多样化的特征,如何科学合理地选择符合当地实际情况的家庭林业合作组织形式?由于我国家庭林业合作组织还处在起步阶段,从长期来看,我国的家庭林业合作组织发展的取向如何?在目前相关制度还不完善或缺乏的情况下,针对以上背景和问题,家庭林业合作组织的发展需要什么样的对策,以及针对家庭林业产业和家庭林业合作组织的特点需要进行什么样的优化政策,为我国家庭林业合作组织的长远发展提供足够的制度空间?这些都是目前需要探讨与解决的问题。

1.2 研究目的意义

1.2.1 研究目的

当前农村的社会经济背景,集体林区农村基本经营制度的转变,已经对集体林区农村林业的生产经营产生了深刻影响,包括农村劳力结构和各种投入要素及林产品市场竞争等,林业家庭经营的局限性因而尤为明显。为了应对当前的挑战,在当前家庭林业的实践中,家庭之间开展了多样的合作行为,产生了不同形式的家庭林业合作组织。

为了完整揭示当前实践中家庭林业合作组织形成的内在机制、所出现的多种合作组织行为规律,以及不同形式的家庭林业合作组织的制度安排特征,也为了更好地促进我国家庭林业合作组织事业更好更快地发展,有必要对不同的家庭合作行为及其选择问题,以及不同形式的家庭林业合作组织进行深入客观的剖析,为家庭林业合作组织发展的方向和发展对策提供基本理论依据。因此,本研究的具体目的主要体现在以下四个方面:

(1) 挖掘集体林区家庭林业合作组织的内生机制。在存在众多非正式制度合作的情况下,弄清农村社区为什么要组建并运行一个正式的家庭林业合作组织。

(2) 比较典型的家庭林业合作组织之间的制度差异。在多种正式的家庭林业合作组织之间,从微观、中观和宏观层次弄清它们之间的制度差异。

(3) 挖掘家庭林业合作组织多样性选择机制。弄清如何在多种不同的合作组织制度之间科学合理地选择符合当地实际的家庭林业合作组织。

(4) 厘清未来家庭林业合作组织的发展路径和对策。结合我国家庭林业合作组织实践中存在的关键问题以及深层次的制度原因,并为我国家庭林业合作组织未来发展的方向与发展对策提供建议。

1.2.2 研究意义

在当前我国农村改革和社会经济转变的背景下,本研究以农户合作的行为选择及家庭林业合作组织形式的内在运行机制、利益相关者和发展环境因素为研究对象,选题上具有重要的现实意义,方法上力求具有一定的理论价值。

在实践意义方面,自集体林权制度主体改革开展实施以来,各地实践中出现了不同形式的家庭林业合作组织。对不同形式的家庭林业合作组织进行深入剖析与发展环境评价,强调不同形式家庭林业合作组织的运行状况和相应的运行环境,并深入探讨当前农户合作发展的问题所在及其深层原因,为我国家庭林业合作组织发展取向和保障政策提出系统建议,对继续深化集体林权制度改革,科学合理地选择适合当地实际情况的家庭林业合作组织形式,科学培育集体林新型经营主体,加强家庭林业现代化发展,实现集体林区乡村产业兴旺提供具有实践意义的探讨。

在理论意义方面,本研究主要以新制度经济学的相关理论和相关分析工具,立足于不同形式的家庭林业合作组织的发展实践,构建一个系统的具有一定解释力的和客观的家庭林业合作组织理论分析框架,有利于丰富与深化家庭林业合作组织研究的内容和方法,并为相关决策提供理论依据。

1.3 研究的主要内容

本研究内容形成了一个良好的具有内在联系的研究体系。即能够很好地阐明集体林权制度改革后农村社区为什么会正式成立家庭林业合作组织,典型的正式的家庭林业合作组织之间有什么制度差异,在这些差异的前提下如何科学合理地选择适合当地各资源和要素禀赋实际的家庭林业合作组织类型进行培育和发展,进而提出未来我国家庭林业合作组织的发展路径和发展对策。因此,本研究主要涉及到了四大块内容,具体的研究内容和章节安排分别如下:

1. 家庭林业非正式制度合作及其组织内生机制研究。这部分研究内容安排在第四章。通过构建农村社区内家庭林业合作制度变迁的理论分析框架,剖析了家庭之间从非正式制度合作向正式制度合作转变的内在规律,并通过一个典型案例解释了在什么情况下农村社区会注册成立一个正式的家庭林业合作组织并加以自我运行和管理。

2. 典型家庭林业合作组织制度比较研究。这部分研究内容安排在第五章、第六章、第七章和第八章四个篇幅。其中在第五章、第六章和第七章,通过构建一个微观、中观及宏观相结合地比较分析框架,分别对林业专业合作社、林业专业协会和家庭股份合作林场三种典型的正式的家庭林业合作组织进行了制度剖析、评价与比较。最后通过第八章结合三个典型的案例,分别通过内部运行制度、外部利益相关者、发展制度环境三个逐渐放宽的视角来对林业专业合作社、林业专业协会、家庭股份合作林场三个不同形式的家庭林业合作组织进行案例分析,揭示不同形式的家庭林业合作组织在发展实践过程中存在的问题及其深层原因。

3. 家庭林业合作组织多样性选择研究。这部分研究内容安排在第九章,该章通过一个交易费用的范式,以集体林权制度主体改革以来出现的农户合作行为为对象,解释了农户如何在典型的不同的家庭林业合作组织之间进行理性选择的行为。该研究分析了农户合作行为多样化的深层原因,即集体林权制度主体改革后,农户选择的合作形式为什么会有所不同,甚至有很大区别,以及他们是如何做出理性决定的。

4. 家庭林业合作组织发展对策研究。这部分内容安排在了第十一章,该章根据以上章节的研究结果,探讨了我国家庭林业合作组织发展的路径和发展对策。

1.4 研究方法与技术路线

1.4.1 研究方法

1. 理论实证研究,其是从现实中概括抽象出所研究内容的基本关系或基本假设前提,并以此为出发点进行理论演绎,目的是对现实生活现象和问题做出理论上、逻辑上的分析和解答。例如,本文在探讨家庭合作行为多样性及其理性选择问题时采用了新制度经济学的交易成本理论进行理论分析,试图解释当前各地实践中为什么存在不同形式的多样化的家庭林业合作组织。

2. 经验实证研究,包括描述统计和案例分析两种方法。本研究对不同形式家庭林业合作组织进行分析时,利用收集整理的数据,通过简单统计以揭示不同形式的家庭林业合作组织的现状及存在的主要问题。本研究最主要的还是采用案例分析这种方法,通过对现有不同类型的家庭林业合作组织进行客观描述,并对有关现象加以解释,而且典型的案例通常是许多其他理论模型无法表达的内容,本研究重点选取了集体林权制度改革示范省份的福建省,其林木经济发达,家庭林业合作组织形式丰富。还有北方地区同为集体林权制度改革示范省份之一的辽宁省,其林木经济发达,集体林权制度改革前后家庭林业合作组织发展较快。同时,在论证过程中文章还引用了一些已有文献的其他省份的案例和数据等。

3. 规范研究,本研究虽然以实证为主,但也采用了规范研究的方法对识别与判定家庭林业合作组织的标准等进行了分析。

4. 研究过程中的其他辅助方法,包括:①实地调研应用的评估方法:该方法在实地调研工作中占主导和关键的地位,主要采用农村快速评估法(RRA)和参与式农村评估法(PRA),涉及的评估工具有问卷调查、小组访谈和半结构访谈等。②资料的验证方法:主要采用三角法、深究技术等工具,通过多种渠道验证所搜集信息的可靠性和准确性。

1.4.2 研究技术路线

本研究的基本思路是,首先提出问题,并在系统梳理国内外家庭林业合作组织相关研究成果及发展概况的基础上,明确提出本研究的理论假说。然后通过构建农户合作制度变迁理论,结合典型案例,理清了家庭林业合作组织制度的内生机制。再通过构建微观、中观和宏观系统分析框架,结合典型案例,对不同家庭林业合作组织形式的内在运行制度、利益相关者和发展制度环境因素进行多层次的系统分析。在理顺了典型家庭林业合作组织制度差异后,接下来还通过交易费用范式对农户多样化的合作行为进行了剖析,揭示了如何科学合理选择适合当地实际情况的家庭林业合作组织进行发展与培育。最后根据以上的研究初步提出了我国家庭林业合作组织发展的路径和发展对策,详见图1-1。

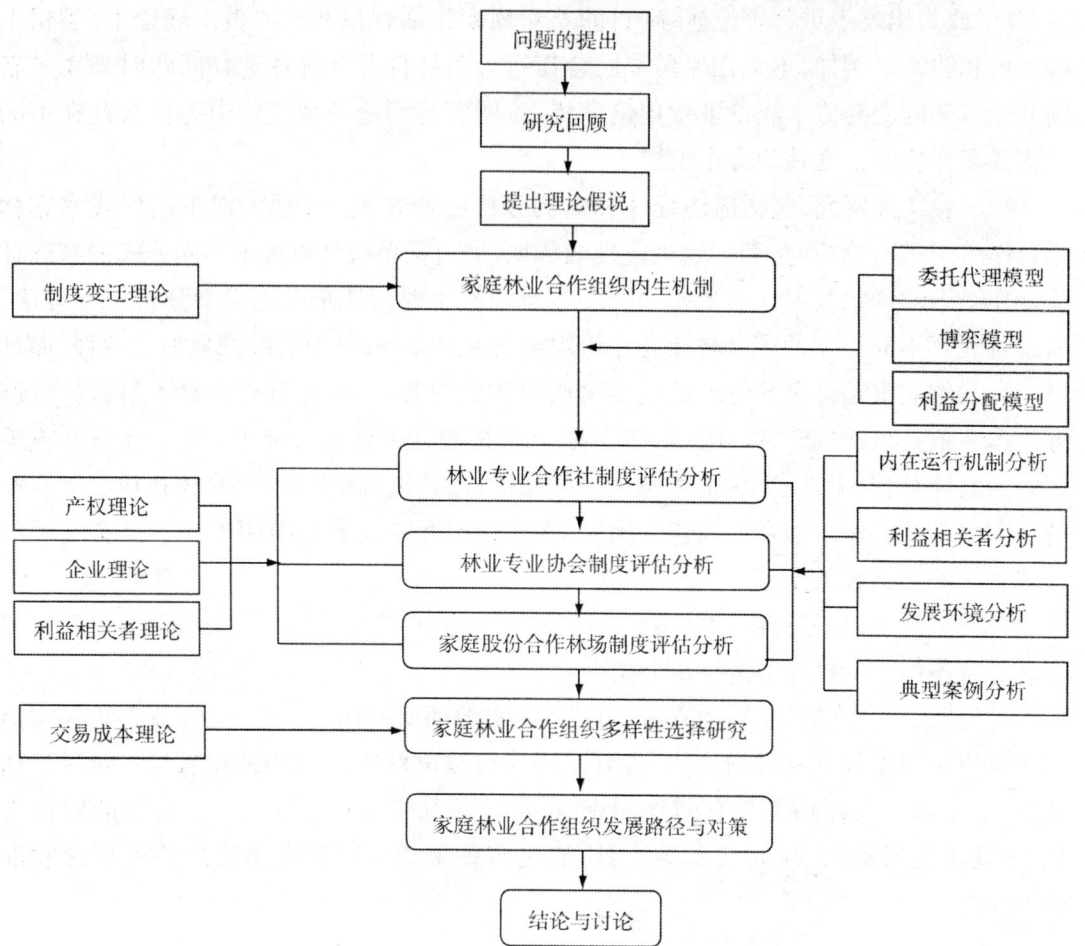

图 1-1 研究的技术路线图

第2章 国内外家庭林业合作组织研究概述

2.1 国外家庭林业合作组织研究概述

2.1.1 国外家庭林主合作的普遍性

2.1.1.1 发达国家的家庭林主合作

国际上,私有林主之间的合作行为普遍存在。但是到目前为止,还没有一个关于林主合作及其合作组织的官方统计资料或者数据。如 Shook 等人(2001)针对美国木材林产品合作社的研究进行回顾与分析时,也感到了木材产品产业方面业务合作组织相关信息的缺乏。虽然如此,但根据以往的一些局部或区域性研究也可以发现其国际上的普遍性。

例如,根据麻省大学自然资源保护学院的 David B. Kittredge(2006)教授在 2002 年进行的一项文献研究,为了能够找到适用于美国的经验,他有意将这项研究限制在经济发达,且国民生活水平高,拥有大量私有林主,林主生活与收入一般不依赖木材的这些国家。他通过研究发现,从最广泛的意义上讲,至少有 19 个这样的国家(澳大利亚、匈牙利、加拿大、芬兰、瑞典、丹麦、德国、法国、日本、韩国、瑞士、荷兰、英国、爱尔兰、新西兰、挪威、立陶宛、斯洛文尼亚等)存在私有林主合作的现象。由于林主可以有不同形式的合作,所以很难估算出合作的林主数量。单个"成员"或参与者有可能像教会或当地社区那样组织起来。他粗略估算至少有 360 万私有林主参与了一定形式的合作,涉及到的林地面积超过 2830 万公顷。他还发现在温带经济发达国家,有 300 多种关于合作组织的描述。尽管合作水平不尽相同,但上百万的私有林主会一起工作,以此获取他们认为比单独行动更优的结果。一些林主的合作可能仅仅表现在时事通讯上或者信息交流方面的共同分享,但其他许多林主的合作则体现了共同合作的特点,并且每年会共同销售上百万立方米的木材。

2.1.1.2 转型国家的家庭林主合作

自 20 世纪 90 年代以来,许多发展中国家的政治经济体制发生了巨大变化,相应地,这些国家的森林产权也发生了或正发生转变,因此,私有林主及其合作除了以上发达国家外,也在发展中国家得到发展。如中东欧部分国家经历了政治经济体制的转型,产生了新的政治理念和结构,私有财产不断扩大,相应地,国家对森林的影响也发生了重大转变,特别是针对私有林,这为林主之间的合作提供了良好的社会规范和政策环境(Dragan Nonic et al.,2006),林主合作在国际上将成为越来越普遍的现象。

2.1.2 国外家庭林主合作组织的形式与发展

2.1.2.1 国外家庭林主合作组织的形式

世界上的发达国家都有各自的林主合作组织。例如德国的林业合作社、北欧各国的林主协会、日本的森林组合等,它们既是私有林经营的主体力量,也是国家对私有林扶持和管理的主要途径,同时也影响着国家对私有林的决策(王登举等,2005)。

合作可以通过许多不同的方法来分类,通常一个合作组织可以同时涵盖几种类型。常见的方法有根据法律地位、服务的领域、服务的群体、具有的功能,以及融资结构来分类的(Shook et al.,2001)。林主之间的合作形式与程度可以有很大的不同。从合作的内容来看,可以分为四类:信息合作、经营管理合作、金融合作和设备合作(David B. Kittredge,2006)。因此,从广义上讲,形成任何形式的林主合作组织都是可能的,这取决于构成这些组织的林主们的共同目标。

除了以上从内容上区分外,最常见的分类就是根据这些合作组织的运行结构分为合作社及协会两大类型。但欧洲林主联盟(CEPF)在2008年针对欧洲的一个研究指出,目前还没有一个一般化的概念能够覆盖欧洲不同国家涉及到的林主合作组织,比如森林生产者组织、林业合作社和林主协会。该研究给出的基本区别是,森林生产者组织和林主合作社是一种正式的为成员谋取经济利益的机构(组织),而林主协会则是在政治层面上主要代表林主的一种组织。但由于历史的原因,欧洲一些国家对森林合作社这一术语的表现比较敏感,在欧洲几个官方文本中常用的是林主协会,可惜没有发展其简明而统一的概念,最后该研究还是使用了森林生产者组织这一比较广义的术语和概念,它可以包括合作社、协会,甚至是一些林业企业。该研究给其做出的定义是:森林生产者组织是一个合法实体,主要目标是满足其成员的需要和他们经济活动的发展,作为一个生产者组织必须销售木材,提供咨询、采伐、规划和造林服务,尽可能有效地进行商业开发和供应产品,并优化生产、运输和物流成本,以此在林业产业中达到主要目标,这些活动必须要以可持续森林经营的相应原则来开展,以促进生产者的长期收入为目标(Daniel Hägglund,2008)。即根据这一概念,除了刚才提及的可能不仅仅涉及林主的林业企业外,合作社和协会就是林主合作的两类不同运行结构与不同性质的规范性组织。

需要进一步强调的是,虽然性质上可以将林主合作组织区分为合作社和协会,但在一些林主合作组织相关研究文献中,有时协会(associations)和合作社(cooperatives)两个名词或名称会互用,只有进一步描述其运行规则时才会发现其性质上的区别。例如瑞典的林主协会,根据欧洲林主联盟(CEPF)的概念,林主协会是在政治层面上主要代表林主的一种组织,但它们却是营利性(木材销售合作为主)的组织,同时又提供经营规划方面的服务,亦拥有代表林主的政治发言权的双重性质的组织(例如 David B. Kittredge,2003)。在美国有关的文献中出现得更多的是"cooperatives",但有时它并不一定就是指严格意义上合作社,因为在进一步阐述"cooperatives"的类型时,又包括"associations"在内(例如 Sarah F. Ashton et al.,2006)。由此可以看出,不管是"协会"还是"合作社",其语义强调的都是合作或协作这一重要的林主之间的行为特征,以及由此而形成的组织。因此,这里所做的回顾可以引用欧洲林主联盟(CEPF)的思路,使用"林主合作组织"这一比较广泛的术语来统称由林主合作而产生的组织。这一点与许多国家的研究者是保持一致的,例如,在葡萄牙有关的文献中就直接使用"林主合作组织"这一术语,在进一步分类时才会严格区分合作社、协会和其他类型(例如 Américo M. S. Carvalho & Mendes,2006)。

2.1.2.2 国外家庭林主合作组织发展的历史与层次

国外林主合作组织的发展已经有上百年历史。例如,在欧洲,芬兰的首个林主协会成立于1907年;1917年发展成立了芬兰国家级的林主协会。瑞典的林主协会成立于20世纪20年代;新西兰的林主协会(NZFOA)成立于1926年;美国国家层次的林主联合会建立于1941年。经过几个阶段的发展,现在已经发展形成了全球化网络的林主协会体系。

在国际层面,北欧林主协会(NFOA)成立于1946年,南欧林主联盟(USSE)成立于1989年,欧洲林主联盟(CEPF)成立于1996年。为了协调各个国家和区域的林主协会组织,国际林主联合会(IFFA)2002年7月1日在美国华盛顿成立,也有翻译为国际家庭林业联盟的。它代表了北美和欧洲的2500万个小私有林主,其会员都是各国的林主协会合作组织。

在亚洲,1880年前后,日本各地曾经出现过山林组合、林业组合或民有林组合等团体。日本的森林组合是在1907年修改《森林法》以后被制度化的组织。当时的森林组合主要包括造林组合、森林作业组合、土木工程组合和森林保护组合四种类型,森林组合从一开始就得到了政府的扶持,每一种都有相应的政府补助资金作为支撑。20世纪六七十年代,由于劳动力向其他行业及大城市转移,为了提高劳动生产率,森林组合成为私有林经营的主要承担者,并发挥出越来越重要的作用。一些大规模林业的生产经营活动,如造林也逐渐转由森林组合或机关来完成。伴随着其作用的强化,森林组合成为推动私有林经营的重要力量(李智勇等,2001)。经过100多年的发展,森林组合在组织上不断壮大,在制度上日趋成熟,其功能也不断完善,形成了自己鲜明的特色(王登举,2001;冯小军,2002;张淤倩等,2004)。

除了以上提及的国际层次上的林主合作组织之外,各个国家内的林主合作组织虽为基础,但最为重要。拥有大量私有林的许多国家,例如,瑞典、芬兰、德国等都形成了从国家到地方的三级管理的林主协会组织体系。

国家层面的林主合作组织,例如,芬兰农业生产者和林主中心协会、德国的林主联合会、瑞典的农场主联盟、德国的林场主联合会。在区域层面的林主合作组织中,瑞典有5个区域协会、芬兰有13个区域协会、挪威有8个区域协会、日本有47个区域性森林组合联合会。在基层的林主协会当中,日本最多,有1 200多个,挪威有368个,芬兰有158个,瑞典有300多个。

这些地区和国家的林主合作组织规模一般都比较大,瑞典私有林主联盟目前有8.8万成员,经营着580万公顷的林地,大概占所有家庭私有林的50%。芬兰林主协会有28万成员,年营业额达5000万欧元,私有林80%的木材销售计划、40%的木材销售和80%的营林作业都由林主协会来实施;新西兰林主协会成员经营的林地188万公顷,占了80%的全国人工林面积;美国私有林主协会的规模也比较大,经营的私有林地面积有3700万公顷,涉及47个州的成员(张德成等,2009)。

2.1.3 国外家庭林主合作组织研究新进展

国外或其他地区的林主合作组织发展因其国情和林情不同而异。政治经济体制转型国家或者一些发展中国家的林主合作组织主要处在发展的初级阶段,目前还在积极解决促进林主合作及其组织的构建问题。而发达国家和地区则要面临林主合作组织的持续发展问题,并且已经开始努力开拓其业务或其他涉及到的领域,比如组织私有林主参与碳和林产品认证等林业新兴市场,并且扮演着愈来愈重要的角色,如参与与之相关的林业政策过程、促进所覆盖农村社区的发展等等。

2.1.3.1 转型国家家庭林主合作组织的组建

当前的一些发展中国家和地区,以及转型国家正在积极开展林主合作组织的构建。这些国家和地区的林主合作组织的构建主要有两大途径:一种是自下而上的自愿组建办法,另一种则是采取自上而下的强力执行政府的法规的办法(Sarah F. Ashton et al,2006)。塞尔维亚的官员和私有林主比较倾向于自愿原则。位于巴尔干半岛的黑山共和国,出于保护私有林主的巨大利益考虑,已经通过自下而上的方法快速组建了林主合作组织(Mensura Nuhodžić, Franc Ferlin,2010),而政府的作用集中在支持、协调和监督方面(Dragan Nonic et al.,2006)。同样位于巴尔干半岛的"波黑"(即波斯尼亚—黑塞哥维亚),其官员和私有林主则认同自上而下的构建途径(Mersudin Avdibegović et al,2010)。

2.1.3.2 发达地区家庭林主合作组织的持续发展

私有林主之间长年以来经历了不同类型的合作,但有些合作并没有经得起长期的考验,从一定程度上形成了目前新的相关利益群体。而有些国家和地区的私有林主虽已合作多年，但时间已经证明他们之间的合作是富有成效并持续稳定的（David B. Kittredge，2006）。例如，一些北欧国家和日本正面临着林主远离林区居住、林主老龄化等林主特征转变的挑战，因此，这些地区和国家的林主合作组织已经意识到了相关变化，并逐渐开始针对具有不同利益需求的林主提供差异化的服务，以满足不同林主的需求，使私有林得以持续经营，林主合作组织获得持续有效的发展。

美国的林业合作社是美国私有林主一起销售林产品的关键组织，也曾面临着持续发展的困难。现在美国一些林业合作社通过最大限度地让林主对森林资源的灵活控制，强调森林的环境质量及其长期利益、木材加工和销售功能，谨慎整合森林采伐，并有效利用公共补贴与个人投资者的资金，以及先进的经营技术和资源清查系统，成功地开拓了林产品市场，其林业合作社获得了新的生机，并持续稳定地发展着（R. Bruce Hull，Sarah Ashton，2008）。另外，美国还有一些林业合作社则积极吸纳新成员，深入社区拓宽成员社会网络关系；加强自愿者与领导的支持；提高营销能力，进行商业规划；与本社区的其他林业合作社以及为林业合作社提供支持的组织或部门建立良好的社会网络关系，并向其他组织学习或者相互合作，形成良好的销售策略与商业管理，以此提高了林业合作社的效率（Charles R. Blinn et al.，2007）。需要肯定的一点是，林业合作社的成功与持续发展必须要认识到林主的经济利益是合作事业的基础（Nathaniel M. Anderson，2003）。

2.1.3.3 参与林业新兴市场

由于林产品认证市场的逐渐兴起，小规模的林主正面临着大型林业企业的竞争压力以及第三方森林经营认证的高昂成本的挑战，在这种情况下小规模林主可竞争的市场空间已大幅缩小。但当前国际上大多数林主合作组织已经普遍意识到如果让其成员的森林通过一个公认的森林认证系统的认证，那么林主合作组织就可以获取两大利益：一是能够进入经认证的林产品市场，使木材或加工的林产品价格得以提高；二是不同林主或成员之间的森林经营得以标准化，可提高森林质量和经营效率（Nathaniel M. Anderson，2003）。

现在许多地区和国家已经开始开展林主合作组织的森林认证工作了。例如，芬兰林地平均面积由于过小，并且林主数量众多，单个私有林主的森林认证难以形成经济、生态和社会上的森林可持续经营，所以芬兰针对林主合作组织的森林认证系统就是以区域团体的认证为基础，并得到了泛欧森林认证委员会（PEFC）的认可。其认证群体涉及到私有林主及其相关组织，还有森林经营协会内的其他相关经营者。为了达到森林认证的目标，林主及其合作组织一般要充分参与整个认证计划，使之更具可操作性（Martin Lillandt，2001）。美国的森林管理委员会（FSC）也已经与各林主及其林业合作社共同设计了森林认证规划。其中2003年"佛蒙特州家庭森林"组织（VFF）有2054.25公顷的森林获得了FSC指南下的Smartwood认证（Nathaniel M. Anderson，2003）。再如印度尼西亚的一个林业合作社（KHJL），拥有550名成员，于2005年也通过了FSC团体认证，为家具国际市场提供柚木，其成员可获得30%的利润。其间还要求政府部门进行不公平的森林法改革，以及合理分配政府的农林业补贴，并开展了一个小型的贷款项目（FSC，2010）。

在碳市场方面，Rachael Beddoe（2010）认为一些形式的横向整合，例如，将许多小私有林主整合为一个大碳库或者机构能够降低较高的交易成本。因此，以此为目标的林主合作组织具有较大潜力，欧洲林主合作联盟（CEPF）表明，可以肯定对生长中的森林资源进行可持续收获的潜力，这就与利用森林能源和木材减缓气候变化的号召相呼应了，但关键的挑战是为协助林主间组织成更强的经济合作组织，需要实行可行的支撑和条件框架，为了克服这一困难，需要国家森林服务部门、公共部门和产业部门的通力合作，因为应对这个挑战对各自都是有利的。现在的首要任务是巩固目前的合作，并制定计划在依然缺乏有力稳定的林主合作组织的区域内，促进私有林主之间的强有力的经济合作（Daniel Hägglund，2008）。

2.1.3.4 参与社区发展

林主合作组织最终要实现林主增收、促进成员个人福利的目标，尤其是非发达地区和国家，林主要求脱贫和提高福利的诉求较旺盛。从国家或区域的社会经济稳定与持续发展考虑，还需要林主所在林区或社区的稳定与发展。当前无论是发达国家还是发展中国家，都非常重视林主合作组织在促进所在林区或农村社区发展方面的作用。例如洪都拉斯已认识到林业合作社所在社区的福利与他们社员个人的福利同样重要，因此，该国的林业合作社就已经通过多项社区扶持项目促进了他们所在农村社区的发展（Michael James Jones，2003）。而芬兰的森林经营协会的做法则是把更多的重点放在林业的盈利上，因为这对农村社区的福利会产生直接的影响。

但Erdoğan Atmiş（2009）关于土耳其的研究表明，由于各种内外因素，其林业合作社在提高农村经济水平甚至减缓贫困方面还远不能完成这些任务，这些原因包括法规和管理问题、缺乏足够资金、政府缺乏足够的支持、林区居民不能团结一致等。目前需要创新组织制度，由森林合作社组建一种新模式，由他们构成土耳其林业合作社联盟中心，与林业部门共同减缓贫困。

2.1.3.5 参与林业政策过程

在欧美的多数国家，林主合作组织一般在林业政策，甚至站在政治层面上代表私有林主的利益参与与之相关林业政策的形成、实施和监督完整过程。林主合作组织的这种功能近年来在一些地区或转型国家渐渐有了诸多运作。

例如，黑山共和国的私有林主协会一般通过积极参与技术工作组、公开听证会和专家研讨会来推进森林新政策或法规的过程，并提出这些法规文本的改进建议。其中一个重要的直接结果就是在与私有林主利益密切相关的全国林地与森林管理的政策中，

《森林法草案》的大多数条款获得了通过与实施,而且还提供了许多改善私有林经营,并使之可持续的机遇(Mensura Nuhodžić,Franc Ferlin,2010)。在波黑地区和塞尔维亚,Mersudin Avdibegović等人(2010)的研究指出,其私有林主明显需要私有林主协会这类合作组织,以此获取与森林可持续经营有关的服务,并在全国森林政策中反映私有林主的利益。该国的森林管理官员对于发展私有林主协会的态度近些年来也产生了变化,因为他们认识到了缺乏私有林主利益组织已经成为私有林有关政策持续实施的一个障碍,并支持他们构建自己的利益组织,实现在森林政策过程中表达私有林主的利益。

2.1.4 国外家庭林主合作组织发展新特点

2.1.4.1 发展区域新格局但不均衡

现有的国外研究报告显示,由于随着国际政治环境与经济的转变,国外的林主合作组织在国际区域分布格局上发生了很大转变,但是发展并不均衡,欧美和日本等发达国家和地区起步比较早,发展较为成熟,从横向上形成了不同形式的林主合作组织,纵向上构建了不同层次的林主合作组织体系。转型国家或发展中国家也已经逐渐表现出对构建林主合作组织的兴趣,而且林主合作组织在数量规模上的发展非常快。而欠发达地区或国家似乎还没有形成林主合作组织大量产生与发展的相应条件或环境。不同的是,不少发达国家和地区的林主合作组织平均规模变大、数量逐渐变少、林主数量增多,例如日本为了强化林主的基本经济,在政府部门的引导下开展了森林组合的合并,其平均规模在不断变大,而数量则逐渐减少,1960年到2005年间,其森林组合由3905个合并为846个(Ikuo Ota,2009)。而在经济政治转型国家或发展中国家,基层的林主合作组织将不断涌现,其数量也逐渐增多,但其平均规模通常都比较小。

从欧美发达国家和地区林主合作组织发展兴旺,向与转型国家和发展中国家的林主合作组织共存这种格局的变化,证明了国家层面和国际社会都越来越认同林主合作组织的功能及作用。

2.1.4.2 以林主权益为本不断开拓新业务

从以上研究可以看出,国外一些国家和地区的林主合作组织目前发展的另一大新特点,就是其覆盖的领域或提供的业务已经逐渐呈现出新的内容,并试图在这些新业务和领域中保障和维护林主更多的利益,促进林主增收,促进可持续的私有林经营。这些特点主要体现在下面三个明显的趋势上:

除了传统的林产品市场外,林主合作组织已经参与了新兴的林产品市场的竞争,这涉及到了森林碳市场和林产品认证市场。虽然小规模私有林主要完全参与这两个新兴林业市场还存在很多挑战,但代表小规模林主利益的不同层次的林主合作组织在这两个领域的努力与尝试,很大程度上说明了国际社会对私有林可持续经营和林主合作组织的作用与功能给予了更多关注。

除了促进林主个人福利的提高外,林主合作组织对农村社区发展的促进功能已经越来越受到各国国家,尤其是发展中国家的青睐。这种兴趣主要来自下面两个认识:维多利亚大学的合作社与社区经济中心(CCCBE)的研究认为农村社区成员对林业合作社的投资均能在本社区内获得收益,结果对农村社区产生了积极的经济作用,可实现社区资金的自我供给。另外,还存在一些正面的看不见的作用,例如,林业合作社的决策会议或例行会议使林主们可以共同参与讨论等,无形中形成了林主的社区价值观(Jody Padgham,2002)。

林主合作组织不但为林主提供林产品销售和森林经营生产加工等有关服务,还越来越注重林主各种权益的保障,通过各种途径,代表林主利益充分参与私有林有关的政策决策过程。发达国家的林主合作组织在这方面的作用表现得比较成熟,目前这方面的转变在大部分转型国家和地区也表现得非常明显,这主要还是归功于这些国家的民主氛围和政治环境发生了较大转变,并形成了林主合作组织参与林业政策过程的长效机制。

2.2 国内家庭林业合作组织研究概述

自集体林权制度主体改革后,迫切需要家庭林业合作组织的发展。关于农业领域的农民专业合作组织的研究,学界已有广泛的积累和认识,但是国内专门针对集体林权制度主体改革之后家庭林业合作组织发展的研究成果却很难见到。少量的研究成果主要集中在对我国家庭林业合作组织发展现状、意义和政府作用的分析上,这些已有的研究成果为本研究奠定了重要基础。但是农户合作行为的多样性及其选择问题,以及因此而产生的不同形式的家庭林业合作组织发展的适应性等问题,尚未引起足够的重视,下面通过现有少量的研究进行回顾分析。

2.2.1 国内家庭林业合作组织形式与特点

在现有的相关研究中,普遍发现目前对家庭林业合作组织的了解明显不够。特别是林业和农业特征不同,如易发生森林灾险、生产周期长,而且集体林权制度改革还在逐步深化等,形成了与农业领域的农民合作组织不同的特点,所以有必要对家庭林业合作组织进行单独研究(孔祥智等,2008)。但是当前不同学界对家庭林业合作组织都没有相统一的称谓和概念,现有的研究多从家庭林业合作组织的性质、特征和运行等方面进行一定的分析判断。

跟其他产业的合作组织相同,家庭林业合作组织的第一个表征就是合作制的特点,张志才等人(2007)认为它是在私有制基础上,弱势利益群体为谋求更多的利益而联合的一种合作组织形式,是市场经济的结果或产物。黄丽萍(2009)则指出家庭林业合作组织其实就是农户通过一系列或松散或紧密的长期契约关系来组织的,即其合作的纽带就是与林业生产周期相适应的这种长期契约关系。此外,家庭林业合作组织是指以家庭承包经营为基础,以农户为主要成员,围绕某个产品或专业组织起来的,在技术、信息、资金、购销、加工、储运等环节进行互助合作的技术和经济的组织,是农户开展自我发展、自我服务、自我保护的一种有效的经营模式和组织形式。作为一种代替个体农户和大市场之间开展交易的制度安排,是一种特殊的经济组织形式,它并不反映某种所有制关系,其主要有五个特点:经济合作、自愿组织、民主管理、信息共享和联合交易(孙红召等,2006)。

有关家庭林业合作组织的性质,有学者认为家庭林业合作组织是一种特殊的企业组织形式(程云行,2004)。但朱再昱等(2009)通过分析林业专业合作社组建的基础、决策权分配、利润分配、运行目标等,认为不同于公司制企业,与公司制企业相比较,其财务管理也存在着明显不同。如林业专业合作社不同于一般企业,也不同于事业单位,既具有营利性质,又具有公益性质,在追逐经济利润的同时还要为社员服务、兼顾公平,为成员谋取更多的福利才是合作社的目标(杨丽霞等,2005)。因此,可以认为家庭林业合作组织是一种对外盈利、对内公益的特殊组织。

家庭林业合作组织在实践过程中有着多种不同的实现形式,但部分研究简单地认为家庭林业合作组织专指林业专业合作社这种典型的形式。王登举等(2006)和沈月琴等(2005)认为我国家庭林业合作组织主要有林业专业合作社和林业专业协会两大类型。孔祥智等(2009)则将其详细区分为股份合作林场、家庭合作林场、林业专业合作经济组织(专业合作社和专业协会),林业专业技术协会和提供贷款担保的合作组织。以上观点的区别在于是否承认股份合作性质的林场算作家庭林业合作组织。马志雄(2009)认为从广义上应该涉及到林业股份合作制。吴晓东等(2006)从发展的视角来看合作经济的组织特征和原则,并认同这种观点,认为农村经济体制的改革应该尊重农民实践中的创造,认同一些与股份合作性质类似的家庭林业合作组织的"合作"特性,并为其发展铺路。

2.2.2 国内家庭林业合作组织研究现状

2.2.2.1 家庭林业合作组织发展的内在制约

不同于强调缺乏法律主体地位、融资困难等制约因素的研究,张明林等(2006)认为仔细研究合作组织的合作有效机理与条件有利于提高组织"自生能力"和制度创新。现有研究主要从农户的角度,包括农户经营行为、意识与认知以及家庭林业合作组织本身角度,如合作运行机理和合作有效条件等来分析内在制约因素。

从农户的视角出发,研究普遍指出农户的素质不高,包括科技意识和文化素质、民主参与意识,以及对家庭林业合作组织的认识等等,它们共同影响着农户是否愿意加入家庭林业合作组织以及组织的运行是否规范。由于林业的经营周期较长,农户短期内主要将资本放在其他产业中,因为这可能为他们带来较高的经济利益,所以农户的这些短期行为说明了林业合作需求并不强烈。黄晓玲等(2009)指出在小农户组建的家庭林业合作组织中,管理者负责了大部分工作,但运行机制无法阻止其他人的"搭便车"行为,所以管理者无法得到应有的回报,组织合作生产的积极性不足,造成组织发展较慢、效率低。

从家庭林业合作组织本身的视角出发,郑少红(2007)认为产权中的让渡权和收益权是否获得清晰的界定和有效实现、对家庭林业合作组织的产生与发展、能否形成预期效益以及发挥其保障功能的都是关键性问题。家庭林业合作组织的合作是否有效取决于三点(张明林等,2006):一是成员存在差异性;二是合作组织产生的集体效益要有较高的超可加经济效益;第三是组织的制度安排能为每一个成员都带来合作激励,核心是建立一套有效的成本分摊机制和利益分配机制。

2.2.2.2 家庭林业合作组织发展的外在影响环境

国内大部分研究都强调外部环境的重要作用。高立英等(2007)认为,家庭林业合作组织是一种弱势的民间组织,位于市场经济体系边缘,况且林业生产的特殊性和林业自身的弱质性决定了它们比其他农村合作组织更需要政府部门的帮助与扶持。李大银等(2009)指出了现有不同的林业生产组织都由自己独立运作,难以长期持续地维持发展,更不易形成规范的运行,这也是形成家庭林业合作组织不稳定的重要因素。现有的研究大多探讨法规政策,如林权抵押贷款政策、采伐政策和法律地位等;市场,如林业生产要素市场和林产品市场;以及政府的干预行为等外在因素。

林地林木资源分散化、单一的资金来源渠道、不断外流的人力资本等问题,即林业生产要素市场发育不完善不健全,都制约了合作组织的规范发展。黄和亮等(2008)提出促进我国林业规模化的经营水平,取决于林区劳动力的转移和非农产业的发展。由于当前出现的贷款和担保困难问题,浙江形成了以提供林权抵押贷款担保为主要目的的合作社,从一定程度上缓解了林业资金市场缺失的困难。但何安华等人(2009)的研究结果反映其规模较小、服务单一,没有形成全体成员共同积极参与的机制。还有研究表明林产品销售市场似乎有更大的影响,黄森慰(2008)利用逻辑斯特模型进行分析,列出了林产品市场和采伐政策对农户进行股份合作意愿的影响,结果表明采伐限额政策约束越突出,发生合作的可能性就越高,但并没有林产品市场的影响大。

从以上不完善的政策和市场来看,政府的干预显得尤为重要。若合作产生的收益小于合作成本,那么很难出现自发的合作,但如果该生产要素的供给同时具有积极的外部效应、符合政府部门目标,政府部门可能就会主动牵头组建相应的合作组织(孔祥智等,2008)。从政府部门干预的程度看,沈静薇(2008)认为政府职能范围和界限需要合理界定。许向阳(2007)根据卡斯尔曼的理论,认为在我国家庭林业合作组织发展进程中,给政府部门恰当的定位是采取比直接干预微弱的,但又"比较热情"的态度去对待家庭林业合作组织。

2.3 国内外研究评述

根据国内外有关的研究回顾,可以发现国外林主合作行为非常普遍。根据林主合作组织的运行结构区分,主要以合作社和协会两种形式为主,并成为了私有林可持续发展的重要力量。国外发达国家的林主合作组织发展到今天,已经非常关注非木材利益目标的合作了,因此,国外林主合作组织发展的研究不但涉及到经济效益,还要求将社会、环境和社区建设考虑在内,并强调了他们在这几个方面的作用。

相对于国外发达国家的林主合作组织的发展与研究,国内的家庭林业合作组织的发展及其研究都还处于初级阶段。尽管起步不久,但国内实践中出现的家庭林业合作组织形式已经呈现了多样化的特点,在这种形式多样化的背景下,国内现有的研究就凸显出了很大的局限性,它们的主要表现包括以下三个方面:

(1)有关概念还混淆不清。回顾发现国内现有的研究对家庭林业合作组织的相关概念和定义不尽相同,多数研究通常直接使用一些含糊的术语或名称,不同性质的家庭林业合作组织经常混为一谈,并未进行规范的解析与界定,在本来发展时间就不长的情况下,容易在实践过程中造成更多的困惑。

(2)研究缺乏系统性容易导致结果的片面性。在回顾过程中发现,目前的多数研究缺乏系统地去看待农户合作行为和家庭林业合作组织形式多样化的问题,造成了看似合理却又顾此失彼,难以有说服力的理论解释现象。另外,短期视角的研究较多,很少从长远的角度出发,探讨可能的环境变化下对农户权益保障及其合作组织发展的影响。

(3)研究很少突出林业的特点和特色。由于农业方面的农民合作组织研究与发展较林业领域的起步早,造成了现有多数家庭林业合作组织的研究对农业方面的已有研究形成了严重的路径依赖,尤其是农业领域的专业合作社这一形式。因此,往往会发现现有的家庭林业合作组织方面的研究还局限于农业领域的认识,缺乏对实践中出现的不同家庭林业合作组织形式的适应性、发展潜力与可行性研究。

第3章 研究的理论基础

3.1 前提假设与理论假说

（1）初始条件假设。本研究初始条件假设为农户个体行为，同时引申出了行为最大化、偏好多样化、机会主义等行为假设。

（2）限界条件假设。在分析家庭林业合作组织的委托——代理关系时，本研究假设委托人拥有的信息是给定、存在成本，同样还有"风险规避型""在信息不对称条件下"等各种限界假设。

（3）辅助条件假设。本研究假设资源的稀缺性，规模经济、资产专用性、信息不确定性以及不完全经营市场等。

在以上前提假设基础上，本研究的理论假说为：与单独强调构建林业专业合作社的观点不同，本研究假设当前实践中家庭林主合作行为与家庭林业合作组织的形式多样化，及其运行与发展在一定时期内有其一定合理性和适应性。同时，认为这些形式的家庭林业合作组织的可持续运营离不开其规范的运行机制、利益相关者的支持和相应的市场环境与政策环境影响，关键是从根本上保障家庭林主的权益。

上述理论假说是构建本文理论分析框架的前提与依据，也是后面实证分析的逻辑起点，本文将以此作为主线贯穿于全文的研究之中，并通过实证分析加以验证。

3.2 重要概念解析与界定

3.2.1 合作、组织与家庭林业合作组织

3.2.1.1 合作

合作是相对竞争而言的一个概念，竞争与合作是一对矛盾的统一体。合作就是个人与个人、群体与群体之间为达到共同目的，彼此相互配合的一种方式与联合行动。传统经济学强调了经济当事人之间的竞争，而往往忽视了合作，这与过去西方经济学只研究生产力而不研究生产关系的理论研究导向有关。如果说竞争能够给人们带来活力与

效率的话,那么合作则能够给人们带来和谐与效率(卢现祥,朱巧玲,2007)。

为了更好地了解家庭林业合作组织,这里有必要知道合作产生的条件。首要条件是合作比不合作对各方都更有利,即合作会给双方带来互惠的利益,可以简单地将其称作交往惠利(R)。而对于每个人来说,这个交往惠利要大于他的交往成本(C),即净交往惠利大于零:$R - C > 0$。第二个条件是各方都知道合作有大于零的净交往惠利,而且每一方都明了对方具有这种知识,也就是双方要具有共同的文化。净交往惠利和共同文化是人们形成合作关系的两个一般条件(张旭昆,2003)。这两个一般条件的具体内容在不同的人类活动中是不同的。在经济活动中,净交往惠利就是团队生产相对于单干的优越性,分工相对与不分工的优越性,交易相对于自给自足的优越性;在政治活动中,净交往惠利就是结盟或同一战线的优越性等等(张旭昆,2005)。

3.2.1.2 组织

人们合作行为与合作关系的长期化、稳定化、制度化就必然会产生稳固的组织。组织有许多不同的定义,包含的内容十分广泛。从词义来看,它可作为一个动词和名词,作为动词,可以把其看作一种行为,即对由群体形成的社会经济活动的协调与管理。如文中提及的"组织成本"就是动词词义。作为名词,其主要是指一个团体或机构,可以看作是人们为了一定目的、依据一定的规则而形成的一种较为稳定的社会关系。而如文中涉及的"家庭林业合作组织"则是名词词义。当然,作为团体的组织与作为行为的组织,实际上是密不可分的。团体或机构需要有人来协调和管理,即作为团体的组织需要组织者把它组织起来。

曹阳(2007)采用了一个更为宽泛的定义,把组织定义为由一定数量的个人(或法人)组成的、有一定制度(成文的或不成文的,或者说正式的或非正式的)联系和约束的、比较稳定的社会团体,如小到家庭,大到国家。

斯蒂芬和玛丽(Stephen P. Robbins,Marry Coulter,2007)认为,组织这个术语是指一种实体,它具有明确的目的,包括人员或成员以及具有某种精密的结构。目的、人员和机构被看作是组织的三大要素。

道格拉斯·C.诺思(Douglass C. North,1981)则从制度的层面把这种特征概括为三个方面:①以规则和条令的形式建立一套行为约束机制;②设计一套发现违反和保证遵守规则和条令的程序;③明确一套能降低交易费用的道德与伦理行为规范。这些规则、条令、程序、道德与伦理行为规范可以是成文的、正式的,也可以是组织成员间或组织所处的社会约定俗成的,或在潜意识中存在的,没有了这些,任何组织都难以正常运行,更不能持续发展。因此,从这个层面来看,组织也可以看作是一系列社会契约的结合或联合。具体而言,组织应该具有以下五个基本要素:①一定数量人员的集合,这使组织区别于个体;②有确定的组织目标,但不是组织成员个体目标的简单相加;③有约束组织成员的组织章程或行为道德规范,这是维系组织运行的约束机制;④有组织者;

⑤要有一定的组织财产,这是组织赖以运行的基本物质条件。本文主要是以诺思对组织的解析作为依据。

3.2.1.3 家庭林业合作组织与研究范畴

在实践和相关研究文献中,涉及到家庭林业合作组织的称谓多种多样,到目前为止也没有一个一般化的、能够概括各地出现的各种形式的农户参与的合作组织。郑少红(2009)指出,在农业领域,学术界有最广义、广义和狭义三种理解,最广义的理解认为包括合作社、协会、村集体经济组织、股份合作制企业、供销社和信用社;广义的理解认为是除了供销合作社和信用合作社外的经济组织;狭义的理解认为专指合作社这一类型,例如,曹兴华认为"农业合作经济组织,又称农业合作社(曹兴华,2010)"。同时统计数据来源也比较复杂,统计口径亦有较大差别。其中,相对权威及公共媒体引用较多的是农业部提供的数据,农业部的界定是"按农民合作的紧密程度"分为农民专业合作社、股份合作社和专业协会三种基本类型(陈晓华,2003)。

本研究根据农户合作行为及其形式多样化的实践,使用一个既不过于宽泛也不过于狭隘的称谓或统称——"家庭林业合作组织"。通过以上对合作和组织的概念解析与界定,我们不难理解家庭林业合作组织所具备的特性与内涵。第一,以从事林业生产和经营的家庭或农户为主体。即以在农村从事林业生产劳动的劳动者为主,这并不仅仅意味着农户数量在组织内占绝大规模,还意味着在组织运行管理过程中,其组织者是农户,而不是商人、干部、工人等。第二,具有合作行为特征,并且是以家庭或农户之间的合作为主,他们的合作包括用于林业生产的资金、林地林木资源和人力资源等林业生产要素的合作;第三,要有作为一个组织所具有的上述五个基本要素,即:农户数量规模占优势;农户之间具有明确的共同目标;家庭林业合作组织内具有一定的约束规范;农户或其代表是组织者;要有独立的属于该组织运行的财产。它不仅包括营利性的合作组织,还涉及到非营利合作组织。

从这些意义上讲,这里的家庭林业合作组织形式主要包括了林业专业合作社、林业专业协会和家庭股份合作林场。本研究将围绕这三种形式的家庭林业合作组织进行了理论与实践分析。同时,为了更好地理解农户的合作行为和这三种合作组织形式,书中也将提到涉及农户参与的其他合作形式,例如"公司+农户"等进行比较分析,但它们不属于家庭林业合作组织范畴和本研究范围之内,故不做深入研究。

这里特别强调集体化经营的股份合作林场,有学者也称之为社区股份合作林场,这一组织形式不属于本书家庭林业合作组织研究范畴。根据以上对家庭林业合作组织的解析与界定,首先,家庭林业合作组织以家庭农户为主体,这种主体地位更重要的是指家庭林主要作为管理者、组织者和决策者,而不是村干部作为管理者、组织者和决策者。其次,从合作特征来看,村民是以作为集体一员的身份参与收益分配,而不是以自有的林地林木资源,其根本的界定原则在于村民的"成员权"——对集体外个体的明确排他性和在集体成员间的非排他性共同占有（申静，王汉生，2005）。最后，从组织的要素来看，其组织目标是提高集体经济组织的收入，组织管理者是村干部，其组织的财产并非独立的，而是与村集体组织合一的。因此，本文不将集体化经营的股份合作林场作为研究范畴。

3.2.2 制度

3.2.2.1 制度

关于制度（Institution）的理解有许多不同的观点。约翰·R.康芒斯（2009）认为制度是控制个体行动；道格拉斯·C.诺思（Douglass C. North,1990）认为制度应当被当作博弈规则，在《制度、制度变迁与经济绩效》一书中，他指出制度是一个社会的游戏或博弈规则（rules of game）。更规范地说，它们是为决定人们的相互关系而人为设定的一些制约，他还将制度分为非正式制度（包括道德的约束、禁忌、习惯、传统和行为准则）和正式制度（包括宪法、法令、产权）。而舒尔茨（T. W. Schultz）在《诱致性制度变迁理论》一文中则将制度定义为一种行为规则，"这些规则涉及社会、政治及经济行为"（舒尔茨，1991），目前为大多数研究制度的学者所认同的就是这种定义。如同卢现祥（1996）提出的，制度是通过提供一系列规则规定人们的选择空间，约束人们之间的相互关系，从而减少环境中的不确定性，减少交易费用，保护产权，促进生产性活动。与此持相同观点的国内学者还有林毅夫，他在《再论制度、技术与中国农业发展》一书中将制度定义为"一系列人为设定的行为规则。这种规则能约束、规范人们的相互行为，帮助他们形成对别人行动的预期。在约束人的行为时，制度表现为一定的行为规则和准则（林毅夫，2000）"。

3.2.2.2 制度安排、制度结构和制度环境

为了避免一些与制度相关术语的混淆，这里还要区分制度安排、制度结构和制度环境的概念。一项制度安排是指在特定领域内约束人们行为的一组行为规则。而制度结构是指经济社会中所有制度安排的总和，它包括组织、法律、习俗和意识形态（正式和非正式的制度安排的总和）。常用的"制度"这一术语就是指制度安排，同样，制度变迁通常指某一制度安排的变化，而不是指整个结构中所有制度安排的变迁（林毅夫，2000）。制度环境是一系列用来建立生产、交换和分配基础的政治、社会和法律基础规则，并影响与决定着其他制度安排。

3.2.2.3 制度与组织

虽然上面的内容已经对组织概念及其要素进行了解析，但既然谈到了制度，这里就不能不涉及到组织。因为组织与制度是两个具有紧密联系而又有一定区别的概念。郑少红（2009）概括组织的含义，是指"一类制度安排"，例如，企业组织、市场组织和政府

组织以及介于市场与企业之间的中介组织等。如约翰·R.康芒斯(2009)将组织(从家庭、公司、工会、同业协会,直至国家本身)称之为制度,科斯也同样将企业称为制度。也可以指作为行动角色或主体的"行动集团"。如道格拉斯·C.诺思(Douglass C. North,1990)强调把制度和组织区分开来,如果说制度是社会游戏的规则,那么组织就是社会游戏的角色。概括而言,组织是为了某种共同利益而结合起来,并具有明显特征(目标、价值理念、行为准则、规范)的集团。当强调组织行为准则和规范时,侧重于组织有制度的含义,是"一类组织制度安排";当强调其行为特点和角色时,则侧重于组织具有组织集团或行为集团的含义。在本研究中,更加侧重把组织视为一种制度安排的观点。

3.3 研究的理论基础

新制度经济学就是用经济学的方法来研究制度的经济学。新制度经济学这个概念是由威廉姆森(Oliver E. Williamson,1975)最先提出来的。这里运用新制度经济学的相关理论和方法来研究家庭林业合作组织的问题,最主要是基于这么两点:一是新古典经济学在关于市场机制的分析中特别强调竞争的作用,而新制度经济学则强调合作在市场机制及社会经济中的作用。二是新古典经济学主要从效率方面去分析制度是不完善的,我们对制度的选择与评价必须联系制度的正义、公平等互惠性质,正义的重要特征之一是它的互惠性。在新制度经济学的制度基本分析范畴,本研究将重点涉及到以下几个重要的基本理论。

3.3.1 产权理论

关于产权,不同的产权经济学家给予的定义虽有差异,但综合起来可以得出这一共识:产权不是指人与物之间的关系,而是指由物的存在及关于它们的使用所引起的人们之间相互认可的行为关系。产权不仅是人们对财产使用的一种权利,而且也确定了人们的行为规范是一些社会制度。

产权的构成被普遍归结为四种基本权利,即所有权、使用权、让渡权和收益权。其中所有权是指在法律范围内,产权主体把财产当作自己的专有物,排斥他人随意加以侵夺的权利。使用权是指产权主体使用财产的权利。用益权,也叫收益权,是指获得资产收益的权利。让渡权,也叫处置权,它是指以双方一致同意的价格把所有或部分上述权利转让给其他人的权利。根据产权的排他性程度,可将产权分为以下三种类型:私有产权、共有产权和国有产权。产权的基本功能可以概括为以下几个方面:激励和约束功能,外部性内在化功能,以及资源配置功能。此外,它还具有以下属性:排他性、可分割性(或可处置)和永久性(或安全性)。

在产权理论中,提及最多的是科斯定理。科斯定理I是指,当交易为用为零时,只要允许自由交易,不管产权初始界定如何,最终都能实现社会总产值的最大化。换句话说,当权利人以配置可以无成本地通过市场得到重新配置时,可交易的权利初始配置不会影响它的最终配置或社会福利,因为权利的任意配置都可以无成本地得到相关主体的纠正。因此,仅仅从经济效率的角度看,权利的一种初始配置与另一种初始配置并无差异。科斯定理 II 是指在交易为用为正的情况下,可交易权利的初始安排将影响到资源的最终配置。它包括两层含义:一是在交易成本大于零的现实世界,产权初始分配状态不能通过无成本的交易向最优状态变化,因而产权初始界定会对经济效率产生影响;二是,权利的调整只有在有利于总产值增长时才会发生,而且必须要在调整引起的产值增长大于调整所支出的交易成本时才会发生。科斯定理 III 是指当交易大于零时,产权的清晰界定将有助于降低人们在交易过程中的成本,改进效率。换言之,如果存在交易成本,没有产权的界定与保护等规则,即没有产权制度,则产权的交易与经济效率的改进就难以展开。由政府选择某个最优的初始产权安排,就可能使福利在原有的基础上得到改善,并且这种改善可能由于其他初始权利安排下通过交易所实现的福利改善。

产权也是制度安排的核心内容。在交易费用为正的经济世界中,产权对企业生产和资源配置至关重要。本书运用现代产权理论,可以对家庭林业合作组织的产权结构、收益分配制度以及内部治理机制等加以系统分析,探究不同形式的家庭林业合作组织现有产权制度、治理机制、管理制度等方面存在的缺陷和不足之处。

3.3.2 交易费用理论

交易费用是西方新制度经济学的核心范畴。交易费用的思想最早来自于科斯(R. H. Cose,1937),以他的《企业的性质》和《社会成本问题》为代表而建立起来的交易费用理论是西方新制度经济学的四大支柱之一(张笑寒,2010)。而阿罗(Arrow Kenneth J.,1969)是第一个使用"交易费用"这个术语的人,威廉姆森则是系统研究了交易费用这一理论的人。

其他新制度经济学家们将交易费用概念运用于许多领域,使交易费用逐渐一般化,其内涵扩展为经济制度的运行费用,为经济制度的分析奠定了基础。威廉姆森(Oliver E. Williamson,1985)认为交易费用的存在取决于三个因素:受到限制的理性思考、机会主义以及资产专用性。巴泽尔(Barzel,1997)将交易费用定义为与转让、获取和保护产权有关的费用。迈克尔·迪屈奇(1999)把交易费用定义为三个因素:调查和信息成本、谈判和决策成本以及制度和实施政策的成本。

从交易费用角度看,纯粹的市场安排和纯粹的科层安排均不是一种理想的制度安排。前者往往容易导致过高的交易成本和市场失灵现象,而后者容易导致过高的组织与控制成本(黄祖辉,2000)。家庭林业合作组织则吸取了两种纯粹制度安排的长处,降低了制度安排的交易成本和组织控制成本,是一种较为理想的林业生产经营组织形式。

因此,从这一意义上看,可以运用交易费用理论分析目前不同的农户合作行为,以及由此形成的不同形式的家庭林业合作组织,以解析农户的合作行为选择。

3.3.3 企业理论

由于新古典经济学将企业设定为一个反映投入产出关系的生产函数,而生产的技术水平又是外生给定的,因而他们舍弃了对企业存在和企业内部组织问题的研究。正是在这个意义上,传统古典经济学的企业理论确切地说是厂商理论,被冠以了"黑箱论"(black box)的称谓。为弥补新古典经济学企业理论的缺陷,科斯(R. Coase,1937)在《企业的本质》一文中沿用了新古典经济学边际替代的分析方法,通过对新古典范式中那些"脱离实际"的假设条件进行修正,将对企业问题的分析牢固建立在个体主义方法论的基础上,打开了现代企业理论的"黑匣子",开创了被威廉姆森称为"新制度经济学"的一个新经济学分支学科。继科斯之后,新制度经济学家围绕企业存在和企业治理问题展开了深入的研究,取得了一系列卓越有成效的研究成果。从企业交易功能的角度来阐述企业性质与边界的主要理论包括:以科斯、威廉姆森为代表的交易费用经济学的企业理论以及以格罗斯曼、哈特和莫尔为代表的产权经济学的企业理论;从企业生产功能角度切入,分析其本质和企业边界的典型代表是德姆塞茨和阿尔钦的团队生产理论。

企业理论除了要解释企业的存在性并明确其本质和边界外,还要分析已存在的企业组织归谁所有的问题。企业产权问题的核心是企业的产权配置与企业绩效,是如何通过产权的优化配置提高企业的"合作剩余"的问题。作为契约的联结,企业契约中各个缔约方的权利安排是不对等的,存在"雇主"和"雇员"的区别。套用委托——代理理论的术语,企业内部存在委托人(principal)和代理人(agent)的区分。企业产权安排主要解决在参与企业生产的众多要素所有者中由谁充当委托人、谁充当代理人的问题,其中企业所有权、剩余索取权和剩余控制权是该组织产权理论的重要内容。

企业理论中明确了企业的产权安排就确定了企业的委托和代理人,在给定委托人和代理人的前提下,研究委托人对代理人进行激励和控制的最优契约安排,即公司治理(corporate governance)。从狭义视角来看,公司治理主要解决公司的委托代理问题,它是现代企业理论的重要构成部分,主要研究"所有权和控制权分离"的现代公司中,经济主体之间在信息不对称分布(asymmetric information)情况下的激励和约束问题。但该理论所描述的现象不仅仅存在于现代公司或企业当中,它们也普遍存在于主体之间发生信息不对称分布的组织中。文中运用新制度经济学的企业理论着重分析了不同形式的家庭林业合作组织可能的委托代理问题,有助于更好地理解家庭林业合作组织内在的运行机制。

3.3.4 利益相关者理论

"利益相关者"概念最先为斯坦福研究所(Stanford Research Institute,现称 SRI 公司)于 1963 年提出,认为利益相关者是那些没有其支持组织就不可能生存的团体(刘洋,2010)。利益相关者理论质疑主流企业理论"股东至上"的观点,认为公司从本质上是受多种市场力量影响的企业实体,而不应该是由股东主导的企业组织制度。考虑到债权人、管理者和员工等众多参与者为企业提供的特殊资源,股东并不是公司的唯一所有者(Donaldson,Preston,1995)。利益相关者理论的重要代表人物布莱尔(Blair)指出,公司的出资不仅来自于股东,还来自于员工、供应商、债权人和客户。这些主体都为企业进行了专用性投资,因此应该赋予他们剩余控制权和剩余索取权,有他们共同分享企业的所有权。

关于利益相关者的定义,现有理论文献中并没有形成统一的认识。理论界广泛引用的美国经济学家弗利曼(Freeman,1984)的定义为:利益相关者是由那些能够影响企业目标实现,或者能够被企业目标实现过程所影响的任何群体和个人。根据这一定义,企业的利益相关者包含了股东、雇员、债权人、分销商、供应商、消费者、社区、政府等在内的相当宽泛的组织和个人,如图 3-1 所示。

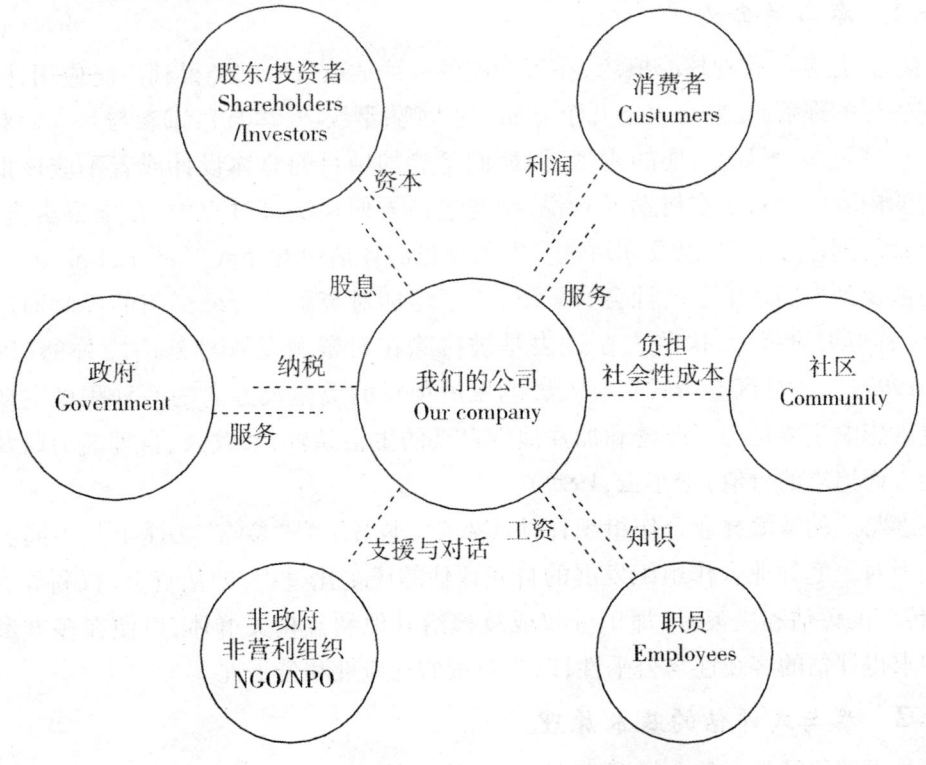

图 3-1 弗里曼(Freeman)的利益相关者模型

利益相关者理论并不都否定主流企业理论将企业看成是"契约连结物"的观点,他们同样认为企业是相关利益方之间的一系列多变签约(Freeman,Evan,1990),只是在企业签约主体和契约执行方式上,利益相关者理论与主流企业理论产生了分歧。利益相关者认为,弗里曼(Freeman)意义上的利益相关者是企业契约的主体,而不是市场契约的关系,只不过他们所签订的契约存在显性契约和隐性契约之分。企业的股东、管理者和雇员之间一般都有明确的契约关系,而企业与社区、政府、消费者之间则存在隐性的契约关系。但隐性契约并不能简单看成是主流企业理论的市场契约,因为契约方同样存在专用性投资的利益和风险。在契约执行方式上,利益相关者理论也认为契约的执行是签约方相互协调的结果,而不是依靠资本的强权进行命令和指挥。

利益相关者理论在本研究中是一个非常有用的理论工具,有利于理解除了家庭林业合作组织内在的农户主体外,还有助于明确其生存与发展所依赖的外在利益相关者及其与他们之间的关系特征和关系的重要性,为家庭林业合作组织的更好发展寻求外部参与的力量,为不同形式的家庭林业合作组织的参与式评估分析明确了利益相关的参与主体。

3.3.5 参与式理念

3.3.5.1 参与的含义

"参与"是参与式的核心概念,在现今的各类评估项目中已经得到广泛应用,同样也有各式各样的理解,主要有以下几个方面(周大鸣,秦红增,2005):①参与是人们对国家发展的一些公众项目的自愿的贡献,但他们不参加项目的总体设计或者不应该批评项目本身的内容。②对于农村发展来说,参与包括人们在决策过程中、在项目实施中、在发展项目的利益分享中,以及在对这些发展项目的评估中的介入(Cohen,Uphoff,1997)。③参与涉及到人们在给定的社会背景下,为了增加对资源及管理部门的控制而进行的有计划、有组织的努力,这些人在过去是被排除在对资源及管理部门之外的(Pearse,Stiefel,1997)。④社区参与式受益人影响发展项目的实施及方向的一种积极主动的过程。这种影响主要是为了改善和加强他们自己的生活条件,如收入、自理能力以及他们在其他方面追求的价值(李小云,1999)。

在参与式的家庭林业合作组织评估实践中,本书认为"参与"实质上是不同关键利益相关者对家庭林业合作组织发展的自我评估的民主化过程,即从资金、权利等资源拥有者(传统的评估和决策者)那里分权或复权给其他利益相关群体,以便在多方参与的过程中求得评估的客观性与公平性,以及政策的适应性和公平性。

3.3.5.2 参与式评估的基本原理

参与式评估既是一种农村调查方法,又是一种促进当地农民参与项目周期管理的具体实践,通过参与式评估系列工具的使用,能够充分地将当地农民吸引到评估之中,并使当地农民了解他们所处的社区情况和面临的问题,使关键问题的识别符合当地的实际,使农民在评估项目开展中更主动,并使评估项目更符合农民的标准,最终使评估项目变成农户自己的项目,从"你要我干"变为"我要干,你来帮"。

对于外来者来说,当地农民的广泛参与使他们能在短期内迅速了解当地社区的发展情况,并能迅速制定出满足项目发展目标和农民发展需要的行动计划。赖庆奎(2005)指出,参与式评估要遵循以下一些基本原理:

(1)相信当地社区农民的能力。自上个世纪90年代初开始,发展学家认识到了农民自己在很大程度是能干的、有经验和富于创造力的。农民的能力被外来者所忽视的原因之一是,任何一个来到社区的外来者都认为自己是来讲课的,是来传授知识、技术的,他们很少让农民自己解决问题、自己考虑应该这样做的机会。外来者们用自己的标准告诉村民应该如何执行一项技术,但很少让农民用自己的标准来选择。他们即使问农民一些问题,也是匆忙的和不容讨论的。因此,参与式评估强调要彻底改变外来者的态度和行为,着眼于与农民间建立互相信任的亲密关系,充分相信他们的能力。

(2)互相学习。研究者用一张问卷表向农民提问后,再把农户的回答写在纸上,这样收集的信息仅为调查者所有,且不能得到验证。参与式评估强调整个调查过程的公开性,即使是画一张社区的地形图也是公开的。参与式评估并不要求一个外来的地理学家经过认真观察、测量绘制出一张标准、精美的地图,而要求调查者在一张纸上画出基本的线条和方位后便把纸和笔交给农民,让他们运用自己的知识标上他们所熟悉的地形。再比如对目前社区所存在问题进行排序,参与式评估并不完全由专家根据国家、集体和个人的利益综合考虑后进行排序,而要求专家与农民共同讨论、互相学习、互相磋商后来达成一致。

(3)研究者要有当学生的态度。参与式评估强调研究者扮演协助者的重要性,协助的目的是增加农民的信心,使农民尽可能多或全部地自己完成调查、作图、模拟、制表、分级、打分、定量、分析、讲解、计划等一系列工作。在调查中应营造研究者与农民间分享信息、方法、经验的文化氛围。研究者的行为及态度与参与式评估中的重要性远胜于方法本身。研究者应能静坐下来,让自己成为学生,听取当地群众的讲解,观察群众的分析活动。

参与式作为一种应用和实践的理念,在本研究的实地研究中发挥出了很大作用,为有关案例的信息收集、评估与分析提供了简单而有效的途径。

第4章 家庭林业合作组织内生机制研究

4.1 引言

家庭合作已成为集体林权制度改革的热点问题。各集体林区主体改革后,出现了包括专业合作社、专业协会和家庭合作林场等多种形式的合作组织,为规模经营、农民增收和林区发展发挥了重要作用。但在探讨农民合作时,人们容易将合作与合作组织混为一谈,往往在农民合作组织这一正式制度框架内研究林区的农民合作问题。而事实上,在一些非正式制度安排下,农民自发的合作行为非常普遍多样,但尽管如此,林区农民也不一定会自发组建运行一个专业的正式的农民合作组织。根据国家林业与草原局关于集体林权制度改革的历年统计,截至2014年,全国已建立14.38万个农民合作组织,涉及农户1300.71万户,但仅占获得林权证农户9076.94万户中的14.33%[①],而如果只统计由农民自发组建运行的合作组织,那么这部分农户占比会更少。可见,我国家庭合作向正式制度变迁或合作组织内生力量不足,家庭林业合作的组织化程度还比较低。

针对类似问题,有研究根据制度变迁理论,认为股份合作社的产生是农民通过比较组建运行股份合作社的预期收益和股份合作社的组织成本的结果(楼栋,孔祥智,2012),但还局限在正式制度框架内讨论农民合作问题,缺乏对农民非正式制度合作客观存在的探讨及其预期收益的比较。也有研究指出了非经济因素对农民互助资金组织内生的影响(胡建东,2010),但忽略了合作组织成立运行中的交易费用。还有研究虽考虑到了既有收益和合作组织收益的比较和组织成本的影响,进而研究了农民是否"加入"合作组织(乔羽,宋维明,2012),可惜没有关注到农民是否自主组建运行合作组织的问题。据此,本研究通过运用非正式制度和交易费用的概念,构建农民合作制度变迁的理论分析框架,探讨林区农民合作行为普遍多样,但缺乏自发组建运行农民合作组织的现象,对推动和引导集体林区发展真正意义上的"民办、民管、民受益"的农民合作组织

---

① 齐联. 合作经营 魅力林改——"聚焦林业合作组织"系列报道之一. 北京:中国绿色时报,2014-7-17(B3).

具有重要意义。

4.2 分析框架构建

4.1.1 非正式制度合作

非正式制度是新制度经济学中与法律、合约等正式制度相对的一个概念,它是那些对人的行为不成文的限制或规定,是人类在长期交往中逐步形成与积累的,包括宗教信仰、价值观念、社会风俗习惯、文化传统、道德伦理、意识形态和人际关系等(伍装,2011)。由于正式制度无法对人的所有可能的行为进行有效的规定,非正式制度从一定程度上弥补了这种缺陷。自发性、非强制性、广泛性和持续性是非正式制度的四个特性(唐绍欣,2010)。此外,非正式制度还具有减少不确定性、降低交易费用的功能。因为制度的存在是为个人行为沿着特定的方向提供一种指引,就成功地实现这一目的而言,制度为日常生活活动提供了一种行为准绳,从而降低了不确定性(North D C,1990)。

非正式制度对农民合作的影响非常深远,我国农民在千百年来的生产生活中传承着互助合作的优良传统。我国农村通常是一个密集的熟人社会网络,由血缘、亲缘、业缘和朋友结成;正如诺斯所言:"一个密集的社会网络形成了一个非常稳定的非正式制度结构(North D C,1990)",这种非正式制度安排使得农民合作成为了可能,特别是家族内、亲戚、朋友之间有着很高的合作意识。有调查研究显示,愿意与家族内、亲戚、同学朋友、同乡和外乡人进行合作的分别占62%、28%、6%、3%和1%(林海,2007)。从农村传统的家族文化来看,这种传统文化促进了农民在家族组织内部的集体合作。在商品交换少、正式组织欠缺的农村,自然形成的、以血缘关系为基础、以聚居为条件的家族是最重要的组织资源,农民经常在家族组织下合作,应对生产生活中的困难与问题(邱梦华,2009)。农村另外一种常见的非正式制度合作就是"邻里合作",这种合作关系在家族文化不明显的农村中比较明显。由于邻里之间信息流通简易且频率高,因此,邻里合作制度能最大限度地降低农民合作的交易费用,通过多种合作方式弥补生产要素稀缺问题,包括共同运输产品,合伙购买林地,互借生产工具,互相帮工,以及分享市场信息等等。

除了以上合作制度安排外,还有许多类似的非正式制度在促进农民的合作。不难发现,非正式制度安排下农民合作意识比较高,合作行为多样。而且非正式制度合作通常是在熟人之间进行的,互相了解,减少了合作的不确定性,往往也不需要形成正式的复杂契约,也就不存在签约前后的信息、执行和监督等合作成本,大大降低了农民合作的交易费用。

4.1.2 合作制度内生分析框架

组建运行农民合作组织是客观存在交易费用的。Dahlman 将交易费用描述为"搜寻与信息成本、议价与决策成本、检验与执行成本(Dahlman C,1979)"。Furubotn 和 Richter 认为交易费用包括那些用于制度和组织的建立、维持、利用、改变等所需资源的费用(Furubotn E G,2001)。综上所述,农民自发组建运行合作组织的交易费用具体包括:搜寻有关农民合作组织的有关税费和扶持政策、成立程序、要求条件、所需材料和手续等信息成本,登记注册成本,以及成立后的决策、执行、管理和监督等组织成本。这里重点考虑组建运行合作组织的交易费用对农民合作制度变迁的影响,并将农民非正式制度合作与组建运行合作组织的预期收益置于同一分析框架进行比较。

这里假设在其他影响既定的情况下,组建运行农民合作组织的交易费用对农民考虑机会成本后选择现有的非正式制度合作,还是选择组建运行农民合作组织具有重要影响,而且农民自发组建运行合作组织的交易费用越高,那么农民通过合作组织的预期合作收益越低,越不愿选择组建运行合作组织,更愿意通过非正式制度合作来实现预期的收益。

这里用 RI 表示农民非正式制度合作的预期收益,RII 表示农民组建运行合作组织的预期收益,二者的收益单位等价。由于目前大部分关于交易费用的讨论主要将其作为一种启发式的分析工具,很少有人努力进行严谨的度量(埃里克·弗鲁博顿、鲁道夫·芮切特,2006),因此这里用 α 表示农民自发组建运行合作组织的交易费用影响程度,而非具体数量,取值为:$0<\alpha<1$,也可以理解为农民对非正式制度合作和农民合作组织的偏好。若 α 越接近于"1"表示自发组建运行合作组织的交易费用影响程度越大,农民越偏好于非正式制度合作。若 α 越接近于"0"则表示自发组建运行合作组织的交易费用影响程度越小,农民越偏好于组建运行合作组织。

既然考虑到自发组建运行合作组织的交易费用影响程度,那么这两种合作制度的预期收益将受到折损,假设折损率分别由参数 λI 和 λII 决定,也可以理解为两种合作制度预期收益曲线的斜率。这时农民选择当前非正式制度合作的预期收益则修正为 $RI - \lambda I(1-\alpha)$,农民自发组建运行合作组织的预期收益则修正为 $RII - \lambda II\alpha$,那么农民合作制度变迁将存在以下三种情况:

情况1:当 $RII - \lambda II\alpha > RI - \lambda I(1-\alpha)$ 时,即自发组建运行合作组织的预期收益大于非正式制度合作的预期收益,农民将选择或偏好于自发组建运行合作组织;

情况2:当 $RII - \lambda II\alpha < RI - \lambda I(1-\alpha)$ 时,即自发组建运行合作组织的预期收益小于非正式制度合作的预期收益,农民将选择或偏好于现有的非正式制度合作;

情况3:当 $RII - \lambda II\alpha = RI - \lambda I(1-\alpha)$ 时,即自发组建运行合作组织的预期收益与非正式制度合作的预期收益相当时,农民对以上两种合作制度不存在既定的偏好,即二选一都可。

根据以上理论分析框架,当农民自发组建运行合作组织的交易费用足够低,使得农民通过合作组织获得的预期总效用高于非正式制度合作的预期总效用之时(即情况1),农民合作制度才有变迁的动力或者合作组织才有内生动力。

4.3 二都村家庭林业合作制度及其内生机制

二都村隶属于福建省邵武市水北镇,位于邵武市北部,与武夷山自然保护区接壤,海拔600多米,距城区20多公里,是革命老区基点村和少数民族——畲族村。全村国土面积32平方公里,设16个村民小组,456户,1625人。拥有土地面积3466.7公顷,其中有林地3000公顷,耕地234.3公顷,是一个典型的山多地少的林业村。其中竹业是该村的支柱产业,竹林面积达1266.7公顷,毛竹立竹260万根,全村现有竹制品加工厂三家。二都村农民在竹业生产上经历了以下两个合作时期,其合作制度变迁明显。

4.2.1 非正式制度合作时期

二都村是一个少数民族畲族村,以雷姓族人居多,畲族最初是我国南方的游耕民族,经过千年的游耕和迁徙,族人之间形成了互助劳作,共同抵御各种风险,团结抵抗各种压迫的合作传统和习惯,直到定居后,这些传统仍一直延续至今,并潜移默化于族人之间的日常生产生活中。早在1991年,经过村民大会的讨论,二都村就实施了竹林分山到户政策。随着竹价和笋价的逐年上升,农民经营竹山的积极性日益高涨。在畲族传统互助合作与团结的传统影响下,农民之间在经营管理竹林的过程中开展了丰富多样的合作,包括亲朋好友之间的资金互助,共同出资修建竹林机耕道,互助防火防盗,分享外部市场笋价和竹价信息,共同购置和运输化肥,互相帮助采伐和运输竹产品等。在畲族传统习惯的作用下,这些合作意识早已潜移默化在农民的生产行为当中,因此,竹林经营管理的合作行为在二都村非常普遍,而且这种非正式制度下的合作制度运行良好、效果显著。特别是在2000年,通过外出回村的农民分享得知邻近的建阳市黄坑的冬笋收购价更高时,当地农民欲运出本村冬笋外销。但此时当地出现了"笋霸"和"竹霸"不法中间商,压低当地竹产品价格,阻挠村内竹笋和竹材外运等恶霸行为。在这种情况下,二都村部分农民开始联合起来,一方面通过合作运输,一方面通过举报,成功地将村内的冬笋及时运往价格更高的外部市场销售。

这一时期在当地畲族人合作传统的影响下,二都村农民在竹林经营生产过程中,合作意识很高,合作行为普遍多样,而且富有成效。但这一时期,由于政府对当地竹业经济的重视程度还不够,政府没有提供相关服务和宣传,农民也无从获取有关信息,无法获知政府部门的相关政策,导致农民对专业合作组织的认识不高,而该时期二都村农民如果要自我组建运行一个专业合作组织,其交易费用是非常高昂的。过高的交易费用使许多潜在的交易难以转化为现实的交易(彭光细,2014)。同理,农民自发组建运行合作组织也难以实现。而且事实证明该时期通过交易费用极低的非正式制度合作,也能将竹产品外运获得更高价格,无需花费额外的时间、资金和精力去搜寻信息,登记注册成立合作组织,并运行管理合作组织。说明这一时期自发组建运行合作组织潜在的交易费用影响程度(α)是非常大的,接近于"1"的状态,这时非正式制度合作的预期总效用会大于合作组织的预期总效用,符合理论分析框架的第二种情况:$RII - \lambda II\alpha < RI - \lambda I(1-\alpha)$,农民将选择或偏好于现有的非正式制度合作。因此,二都村农民当时选择非正式制度合作而不是另去组建一个竹业合作组织的历史证明,当时的合作制度变迁动力或竹业合作组织的内生力量不足。

4.2.2 组织化合作时期

随着竹产品价格的不断上升以及2001年农村税费改革的开展,农民的积极性不断提高,对竹林的投入不断加大,竹业已经成为二都村的支柱产业和农民的主要经济收入来源。同时,其也引起了当地主管部门的重视,主管部门组织开展了多种多样的扶持和服务工作,包括:政府部门通过下派村支书、成立科技特派员工作站等,从科技、信息、流通和金融四方面提供了扶持和服务。在驻村特派干部和科技人员的引导宣传与信息咨询服务下,二都村农民逐渐意识到,组建一个竹业协会将对竹业经营有更多的益处,会获得更多的扶持和服务。于是二都村农民通过主管部门的引导和服务,2002年12月通过邵武市民政局登记注册,成立了二都村竹业协会。二都村竹业协会成立后特派村干部和科技人员提供了协会管理服务,如引导协会建立章程等。协会成立至今,获得了来自市林业局、森防检疫站、乡镇林业站和市教科委等相关部门的扶持,包括竹林机耕道修建、病害防治培训、喷灌设施建设和精品示范林建设等方面。尤其是机耕道建设,镇、村两级及时对农民机耕道建设进行引导,通过协会的努力共筹资了10多万元,开辟竹林机耕道20多公里,全村90%的竹林开通了机耕道,方便了竹林的经营和产品运输,实现了规模经营,节约了生产成本。此外,二都村村委会在协会建立运行之初也提供了一定的运行经费。在外界的支持下,二都村竹业协会主要负责组织专家科学指导农民管护竹林,组织农民毛竹生产,竹制品加工,联系适宜的市场,并办理调运手续等产、供、销一条龙服务。截至目前,协会已有会员代表168人,涉及432户家庭(占全村的95%农户),涉及竹林面积1133.3公顷(占全村竹林面积的90%),年新立竹36万根,年产竹量22万根,协会内农民竹业产值最高共达到900多万元。

探究二都村竹业协会产生的制度环境不难发现,外界,尤其是主管部门起到了很大的作用,其中包括通过特派村干部和科技员的无偿"信息下乡"和"科技下乡"服务,以及协会的成立、运行和管理的指导服务,使得农民组建运行竹业协会的交易费用大大降低。这时组建运行竹业协会的交易费用影响程度(α)就已经变得非常小,向"0"值靠近,这时通过竹业协会获得的预期总效用就会大于通过非正式制度合作获得的预期总效用,符合理论分析框架的第一种情况:$RII - \lambda II\alpha > RI - \lambda I(1-\alpha)$,农民将选择或偏好于组建运行合作组织。因此,二都村当时选择组建运行竹业协会的历史事实证明了二都村农民竹业合作制度具有足够的变迁动力,由非正式制度合作向竹业协会转变,从此二都村的竹业发展进入了组织化合作时期。

4.4 小结

通过构建家庭林业合作制度内生的理论分析框架,结合二都村案例分析,初步得出以下结论。

在一些非正式制度安排下,家庭林主合作意识高、合作行为多样。与一些研究提出的"中国农民合作意识淡薄""中国农民善分不善合"的经典观点不同,本研究认为我国很多农村都具有互助、合作和团结等优良的传统、习俗和文化,在这些非正式制度的作用下,农民的合作意识很高,合作行为也非常多样,长期存在于农民的日常林业生产当中。

在信息服务和扶持缺失的情况下,农民自发组建运行合作组织会产生高昂的交易费用,这将极大弱化农民合作制度变迁或合作组织内生的动力。如果没有外界可靠的信息服务和扶持,农民需要支付搜寻和甄别信息的成本,以及登记注册、制定规章、实施管理和监督等组织成本,这些交易费用对农民合作制度的变迁具有重要的影响。只有这些交易费用足够低,使得农民通过合作组织获得的预期总效用大于非正式制度合作获得的预期总效用之时,农民才会自发组建运行合作组织,形成真正的"民办""民管"和"民受益"的农民合作组织。

综合起来看,用"合作意识高,合作行为普遍多样,但组织意识薄弱,组织化程度低"来概括当前农民合作的特征与问题比较贴切。因此,对于政府部门,重点是要提高农民的组织意识和组织化程度,引导农民自发组建合作组织。建议政府要创建良好的制度环境和相应的制度安排,保持并发扬农村社会优良的合作传统,建立农民合作组织发展咨询服务机构和队伍,确保国家相关政策信息传递的通畅,减少农民合作组织内生的信息成本。同时,简化登记注册等程序,开展农民合作组织管理方面的教育培训,提高组织运行效率,降低农民合作组织的运行成本。

第5章 林业专业合作社制度评估分析

5.1 林业专业合作社概述

目前国际社会关于合作社的定义、价值观、原则、作用及其如何发挥优势,都已达成了许多共识(胡振华,2010)。1995年召开的国际合作社联盟(ICA)第31届代表大会,对合作社做出了如下原则性定义:合作社是人们自愿联合、通过共同所有和民主控制的企业,来满足社员经济、社会和文化方面的共同需求和渴望的自治组织。为了准确理解这个定义,国际合作社联盟还对此做了详细说明:①合作社是自治组织,它尽可能地独立于政府和私营企业。②合作社是"人的联合",世界上的许多基层合作社只允许单个"自然人"加入,但联合社则允许"法人"加入,包括公司。通常联合社的社员就是其他合作社。③人的联合是"自愿的",在合作社的目标和资源内,社员有加入和退出的自由。④"满足共同的经济、社会和文化方面的需求",这一规定强调了合作社是由其社员组织起来的,并着眼于社员,社员的需要是合作社存在的主要目的。⑤合作社是一个"共同所有和民主控制的企业",合作社所有权是在民主的基础上归全体社员。该章程在解释合作社原则时指出:参加合作社应自觉自愿;合作社是民主性组织,实行民主选举、民主管理;合作社的盈余应归全体成员所有,扣除发展基金后,按社员的业务交往量比例大小分配;加强合作教育,积极发展地区、国家之间的联系与合作。

可见,合作社既是具有法人地位的生产或经营企业,又是具有群众性的社团组织。合作社作为一个群众性经济组织,有自己特有的组织章程和原则。加入合作社的全体社员必须履行自己应尽的义务,遵守这些原则和按章程办事,享受应有的权利。合作社还有明确的办社目的和宗旨,否则就不能称其为合作社。所以,不是任何一种合作组织如合伙企业、合作企业、经济联合体等都能够称为合作社的。从合作生产经营到组成合作社组织,必须要具备上述条件,并需要一个形成和发展的过程。因此,并不是有协作、合作或者联合,就会有合作组织,有合作组织也不一定就完全是合作社。合作社是合作组织较完备的典型的组织形式,其规模有大有小。

尽管合作发展专家非常了解合作社的组建、组织结构和管理,但通常他们并不一定了解林业和非公司林的林主(Pamela Jakes,2006)。孔祥智(2008)也特别强调林业和农业有着不同的特征,如生产周期长、易发生森林灾险、林权改革还在逐步进行等,表现出与农业合作经济组织不同的特点,因此有必要对其进行单独分析。Christina Berlin 和 Ljusk Ola Erikson(2007)针对瑞典的情况,曾分析了林业合作社和农业合作社,以及其成员之间的差异,例如,他们认为林业合作社相对于农业具有更多的潜在顾客,如大公司或者木材加工厂,而农业的潜在购买商有限等等。

除此之外,比较明显的区别应该还在于林业专业合作社的产品交易频率远远低于农业的合作社;林产品较农产品的需求弹性大,其潜在消费者广泛;林业专业合作社成员的木材林产品收获(采伐)制度与农业专业合作社成员的收获制度不同。林业专业合作社和农业专业合作社之间的具体差异可归纳为表5-1所示。

表5-1 林业专业合作社与农业专业合作社的关键区别

序号	对比项	林业专业合作社	农业专业合作社
1	产品交易频率	低	高
2	产品潜在消费者	广泛	狭窄
3	产品收获制度	严格	宽松

基于林业的特殊性,针对什么是林业专业合作社,国外的研究所显示的内容都基本上保持了一致,只是称谓上有所差异,有些使用林主合作社,有些则使用林业合作社。例如,美国农业部的相关报告指出,林主合作社是"使用者所有和使用者控制的,并基于成员的惠顾来分配利益的林业相关的企业"。它们通常都有两个特征:①其为非公司林(non-industry forest)林主成员共有共管;②成员公平地共担合作社维持成本和共享合作社运营收益。

现今的林主合作社与以往的相似,关注于为成员提供其他渠道无法获取的服务,例如,促进市场的进入和提高森林经营的收入。与以往的做法不同的是,这些组织也倾向于可持续林业的发展(如森林认证)、土地保护和生态恢复(Pamela Jakes,2006)。

维多利亚大学的合作与社区经济中心(CCCBE)给出的定义是"林业合作社就是在林业产业中运营的合法注册为合作社的企业。林业产业是一个非常广泛的术语,从中可以看到各种各样的合作社。它包括林业的每一个方面,从森林经营到木材采伐,到来自采伐木的木材产品。林业合作社,类似其他合作社,通常以保护合作社组建人的利益,或者其他渠道无法获取的服务。合作社是成员所有的组织,而且合作社盈余常常用于推广和发展,或者按照惠顾量返还成员。"

可以看出,不管是何种称谓,它们都具有上述合作社的表征,并具有林业自身的特殊性。基于我国当前的习惯,这里使用林业专业合作社的称谓。

5.2 制度分析框架构建

为了客观全面地对典型家庭林业合作组织进行制度评估分析,从本章开始到第八章的研究内容将从内在运行制度(微观)、利益相关者(中观)和发展制度环境(宏观)三个逐渐扩大的立体分析框架(见表5-2),对三种典型的家庭林业合作组织——林业专业合作社、林业专业协会和家庭股份合作林场进行制度评估和比较,试图分析它们在当前环境或背景下发展的合理性和适应性,以及未来可能的局限性。在微观层次,主要分析家庭林业合作组织的运行制度,试图区分不同性质的组织运行规律,从根本上认知典型的家庭林业合作组织的不同。在中观层次上,识别和界定不同家庭林业合作组织的利益相关者,将有利于进一步对不同组织制度加以认知。从宏观上看,主要评估和比较发展制度环境,涉及法律制度、优惠政策和市场经济环境,从外部制度来评估不同家庭林业合作组织发展环境的差异。这一章将首先对林业专业合作社这一比较普遍的合作组织形式进行评估分析。

表5-2 典型家庭林业合作组织制度分析与比较框架

分析层	微观(运行制度)	中观(利益相关者)	宏观(发展制度环境)
分析项	成立机制 组织目标 成员制度 产权制度安排 治理结构 分配机制 决策机制	非成员农户 林产品消费者 农村社区管理者 林业管理部门 注册登记部门 融资部门 其他	法律制度环境 优惠政策环境 市场经济环境

5.3 林业专业合作社的运行机制分析

5.2.1 成立机制:内生与外生型成立机制

5.2.1.1 内生型成立机制

上一节阐述过合作社的产生动因,简单地讲,合作社制度产生的直接动因源于经济弱势群体"保住阵地"的一种自卫行为、防御战略;这与社会中的经济强势集团成立公司、"扩大领地"的进攻性战略有着天壤之别(苑鹏,2007)。林业专业合作社的内生型成立机制是指在林业专业合作社的组建过程中,农户自己是主要的发起人和创建人。

比如农村中的能人或精英,包括农村中的干部、技术能手和林业大户(生产大户和营销大户)等。这类林业专业合作社主要由农村能人利用他们长期积累所得的组织资源、生产加工技术或者销售渠道牵头兴办,组织农户参与。

目前这种形式的成立机制在部分地方上为林业专业合作社的主要成立机制,其中以浙江省丽水市的林业专业合作社为例(杜亮亮,金爱武,2010),由农户大户带动组建起来的合作社比例高达53%,说明农户大户对兴办林业专业合作社的积极性很高;由龙头企业兴办合作社有着较强的资本支持,在这三种兴办方式中所占的比例为20%;供销社在合作社兴办的过程中也起到了一定的作用,所占比例为27%(表5-3)。

表5-3 浙江省丽水市林业专业合作社的成立机制类型

项目	带动类型			总计
	林业大户带动	林业企业带动	供销社带动	
数量(个)	16	6	8	30
比例(%)	53	20	27	100

资料来源:杜亮亮,金爱武,2010。

(资料来源作者,)

5.2.1.2 外生型成立机制

这一类型的成立机制是指在林业专业合作社的组建过程中,农户依托其他非农户个人的部门和组织发起和创建的,例如政府部门、林业企业等。事实上,外生型成立的林业专业合作社也依赖农村能人或精英的带动和牵头,通过"能人效应",吸引其他农户参与。

5.2.2 组织目标:社会公平与经济效率

5.2.2.1 促进社会公平

林业专业合作社的经营宗旨具有社会公平与经济效率的双重性。在促进社会公平方面,林业专业合作社就是为小规模森林经营者为主体的社员的营利服务,避免弱小的森林经营者遭受强势社会和竞争激烈的林产品市场的边缘化(marginalization)。为社员服务是合作社的目标,在组织内部,林业专业合作社不赚取其交易对象、服务对象——社员农户的钱。根据《合作社法》第三条的第二款规定,合作社的基本原则之一是"以服务成员为宗旨,谋求全体成员的共同利益"。而公司的目标就是为少数股东的资本增值提供服务,最大限度地追求利润。

5.2.2.2 提高社员农户经济效益

在促进经济效率方面,这里是指提高社员农户的经济效益,提高其林产品的市场竞争力。林业专业合作社通过联合销售农户社员各自生产的林产品,降低社员各自经营的市场风险和成本,提高林产品的竞争力,尽可能地为社员卖出高价,林业专业合作社向消费者销售林产品赚取的利润则返还给林产品的惠顾者——社员农户手中。因此,判断林业专业合作社的经营状况如何是以社员通过合作社是否获得了利润增加,而不是以合作社自身的营利水平来衡量的。

与林业专业合作社不同,投资者建立林产品销售公司的目标就是让股东的投资获得最大回报率,因此,它的经营目标一方面要尽量压低向林产品生产者购买原料的收购价,以降低经营成本。另一方面,应尽可能地抬高向消费者销售林产品的出售价,以获得较高的盈利水平,林产品销售公司最终实现的利润并没有流到林产品生产者手中,而是流向了林产品生产者、林产品消费者以外的第三方——公司投资者手中。判断公司经营效益的基本标准是投资利润率。

5.2.3 社员制度:构成与权力义务

林业专业合作社的社员或成员制度涉及到什么人、群体或组织可以成为林业专业合作社的社员,林业专业合作社社员可以享受什么权利,以及履行什么义务等内容。

5.2.3.1 社员构成与规模

根据我国《合作社法》,林业专业合作社的社员构成与规模具体见表 5-4 所示。林业专业合作社的社员可以是"自然人",也可以是"法人"。根据《合作社法》第十条,林业专业合作社社员必须是 5 名以上,根据第十四条规定,林业专业合作社的社员可以包括农户个人(自然人)以及从事与林业专业合作社业务相关的生产经营活动的林业企业、事业单位或者社会团体(法人)。根据第十五条,农户至少应当占林业专业合作社社员总数的 80%,社员总数在 20 人以下的,可以有 1 个林业企业、事业单位或者社会团体社员。社员总数超过 20 人的,林业企业、事业单位和社会团体社员不得超过总数的 5%。

表 5-4 林业专业合作社的社员构成与规模

序号	社员性质	规模($n>5$)	
		小规模($5<n<20$)	大规模($n>20$)
1	农户 a(自然人)	$a \geq 0.8n$	$a \geq 0.8n$
2	组织 $n-a$(法人)	$n-a=0$ 或 1	$0 \leq n-a \leq 0.5n$

注:"n"为林业专业合作社的社员数量规模,"a"为社员农户的数量规模,那么"$n-a$"则为林业企业或者林业事业单位或者社会团体的数量规模,均为自然整数。

林业专业合作社的这种社员规模构成一方面保证了农户的主体地位,另一方面也保证了林业专业合作社的其他投资来源和带动主体。

5.2.3.2 社员的权利与义务

(1)林业专业合作社的社员权利

根据《合作社法》第十六条,林业专业合作社的社员所享有的权利包括：①参加林业专业合作社的社员大会,并享有表决权、选举权和被选举权,按照章程规定对林业专业合作社实行民主管理；②利用林业专业合作社提供的服务和生产经营设施；③按照章程规定或者社员大会决议分享林业专业合作社的盈余；④查阅本社的章程、社员名册、社员大会或者社员代表大会记录、理事会会议决议、监事会会议决议、财务会计报告和会计账簿；⑤章程规定的其他权利。其中最主要的是社员农户可以利用林业专业合作社提供的服务和生产经营设施,分享林业专业合作社的盈余,这是社员农户参与林业专业合作社的最主要目的。

社员在民主管理方面权利,林业合作社的制度安排试图体现社会公平的一面,根据《合作社法》十七条的规定,社员大会选举和表决,实行一人一票制,成员各享有一票的基本表决权。出资额或者与林业专业合作社交易量(额)较大的社员按照章程规定,可以享有附加表决权。本社的附加表决权总票数,不得超过本社成员基本表决权总票数的20%。享有附加表决权的成员及其享有的附加表决权数,应当在每次成员大会召开时告知出席会议的成员。章程可以限制附加表决权行使的范围。

(2) 林业专业合作社的社员义务

林业专业合作社的社员享有权利的同时,也应该履行义务,根据《合作社法》十八条的规定,这些义务包括：①执行社员大会、社员代表大会和理事会的决议；②按照章程规定向本社出资；③按照章程规定与本社进行交易；④按照章程规定承担亏损；⑤章程规定的其他义务。

另外,关于林业专业合作社的退出也做了详细规定,体现了"入社自愿,退社自由"的基本原则。这些规定包括：社员要求退社的,应当在财务年度终了的3个月前向理事长或者理事会提出；其中,林业企业、林业事业单位或者社会团体成员退社,应当在财务年度终了的6个月前提出；章程另有规定的,从其规定。退社社员的社员资格自财务年度终了时终止。社员在其资格终止前与林业专业合作社已订立的合同,应当继续履行；章程另有规定或者与本社另有约定的除外。社员资格终止的,林业专业合作社应当按照章程规定的方式和期限,退还记载在该社员账户内的出资额和公积金份额；对社员资格终止前的可分配盈余,依照规定向其返还。资格终止的社员应当按照章程规定分摊资格终止前本社的亏损及债务。

5.2.4 产权安排：经营在户合作在社

5.2.4.1 林业专业合作社的林权安排

林业专业合作社的基本特色就是依托森林从事同类林产品进行经营生产活动的合作组织。林权安排是林业专业合作社的组织产权基础。

林业专业合作社的林权安排源于集体林权制度主体改革的结果,自集体林权制度主体改革开展以来,形成的森林产权结构之一就是在林地集体所有不变的情况下,大部分农村选择了以家庭为基础,明晰林地经营权和林木所有权,及其让渡权和收益权。这种林权安排为农户的合作提供了基础。林产品的生产经营活动依然以家庭承包经营为单位来开展,即农户无须让渡其森林经营权以及其他权利给林业专业合作社。林业专业合作社提供生产经营服务,收购社员农户生产经营的林产品,由合作社将林产品共同推向市场,共同分享利益、共同承担风险,形成了"经营在户,服务在社"的特有格局。

5.2.4.2 林业专业合作社的组织产权安排与影响

明确了林业专业合作社的林权基础之后,需要进一步分析林业专业合作社这一组织应该归谁所有的问题。林业专业合作社的组织产权问题的核心是林业专业合作社的产权配置与林业专业合作社的绩效,是如何通过产权的优化配置提高林业专业合作社的"合作剩余"的问题。

(1) 林业专业合作社的所有权

主流的经济理论和企业理论在企业究竟应该为谁所有的问题上依然存在太多分歧。主流的经济理论和企业理论坚持"资本强权观",认为企业的所有者天然属于资本家或非人力资产所有者。但是在现实世界中,劳动管理型企业(labor - managed firm,LMF)却一直存在,其历史甚至比资本管理型企业(capital - managed firm,CMF)还要久远。世界范围内广泛出现的合作社组织似乎昭示了这种企业的生命力。

在林业专业合作社就属于这种劳动型管理企业,因为它以农户社员生产劳动成果——林产品的惠顾量为收益依据,而资本报酬有限。因此,林业专业合作社的所有权为拥有人力资产的社员农户(林业专业合作社的使用者)所有,它区别于资本管理型企业的现代公司制的企业所有权——属于资本家或少数股东所有。林业专业合作社的所有权另一个关键还在于它是"由多人共同分享所有权的企业(亨利·汉斯曼,2001)",即林业专业合作社的所有者并不是唯一的,它的任何农户社员对林业专业合作社均没有独立的个人所有权。因此,其产权安排问题无疑是制度安排的核心问题(徐旭初,2006)。

(2) 林业专业合作社的剩余索取权和剩余控制权

由于所采用的合作社原则和特殊的所有权形式,合作社的剩余索取权和剩余控制权也是特殊的(匡萍,2008)。所谓企业剩余索取权(Residual Claims)是指对企业进行团队生产产生的合作剩余的要求权,或是对企业总收入中扣除所有固定契约报酬(固定工资、固定利息等)后剩余收入的要求权。而剩余控制权(Residual Rights of Control),意指没有在企业契约中明确的状态出现时的相机处理权和决策权。由于契约的不完全性而产生了剩余索取权和剩余控制权。

林业专业合作社的剩余索取权被限定在合作社契约框架下的提供惠顾的社员农户之中(既是惠顾者又是社员),其董事或理事也是从中产生的。林业专业合作社的剩余索取权是限定在合作社的惠顾者社员农户身上的，剩余索取权并不能像股票那样在市场的流通交易，这就使资本市场的信号不能流向林业专业合作社。

林业专业合作社名义上的剩余控制权是由其惠顾者社员农户共同所有的，实际的剩余控制权可能掌握在林业专业合作社的经营管理者手中，最终的控制权由惠顾者社员农户共同所有。

(3) 林业专业合作社特殊产权安排的影响

通过以上分析可以看出林业专业合作社产权安排的特殊性，即林业专业合作社是所有权、剩余索取权和控制权为农户社员共同分享的特殊组织。这种特殊的产权安排均对林业专业合作社的社员投资产生了明晰的影响。

在农户社员投资激励方面，林业专业合作社的社员农户容易出现搭便车问题(Free rider problem)或机会主义行为。奥尔森(Olson Mancur,1965)在《集体行动的逻辑》一书中也表示："尽管集团的全体成员对获得这一集团利益有着共同的兴趣，但他们对承担为获得这一集体利益所需要付出的成本却没有共同的兴趣。每个人都希望别人付出全部成本，而且不管他自己是否分担了成本，一般总能得到提供的利益。"当林业专业合作社与非社员发生业务来往时，特殊的产权分配通常不能确保社员与非社员承担完全的行动成本或获得完全的收益，社员就会没有激励进行再投入。在社员资格开放的合作社，由于剩余索取权不能流通，当新社员与老成员既获得同样的惠顾和剩余索取权也付出相同的成本时，也会产生搭便车的问题，平等的分配权使得随着新成员的加入，原有社员的利润被稀释，老社员将不再有激励投资于林业专业合作社。

5.2.5 治理结构：委托代理问题

5.2.5.1 林业专业合作社治理结构

作为一种特殊的企业组织形式，合作社的经营宗旨具有社会公平与经济效率的双重性，这种双重性决定了合作社治理结构的独特性(黄胜忠等,2008)。林业专业合作社治理结构同样主要表现在社员农户(代表)大会、理事会、监事会三大机构以及它们的职能或作用，及其相互关系所构成的治理框架或机制(如图5-1所示)。合作社的治理是否偏离大多数社员的利益，就看合作社的治理机制是否健全和有效了。通过建立健全合作社的治理机制，保障社员对合作社的监督、管理和决策，保证合作社的利益分配制度能够不断改善并有效运行，以实现农民的利益(冯开文,2006)。

社员大会或代表大会，是林业专业合作社的权力机构，关键是它是单个社员农户参与林业专业合作社决策的途径，它主要是促进林业专业合作社的社会公平的权力层。根据《合作社法》，它行使以下职权：①修改章程；②选举和罢免理事长、理事、执行监事或者监事会成员；③决定重大财产处置、对外投资、对外担保和生产经营活动中的其他重大事项；④批准年度业务报告、盈余分配方案、亏损处理方案；⑤对合并、分立、解散、清算作出决议;⑥决定聘用经营管理人员和专业技术人员的数量、资格和任期;⑦听取理事长或者理事会关于成员变动情况的报告;⑧章程规定的其他职权。

林业专业合作社的理事会,是林业专业合作社的经营机构,它由社员大会或代表大会选举产生理事长和理事,对社员大会或代表大会负责,重点力求林业专业合作社的盈利,使社员有盈余可分配,它是提高林业专业合作社的经济效率的经营管理层。其中理事长或者理事会可以按照林业专业合作社社员大会的决定聘任经理和财务会计人员,理事长或者理事可以兼任经理。经理按照章程规定或者理事会的决定,可以聘任其他人员。经理按照章程规定和理事长或者理事会授权,负责林产品的具体生产经营活动。

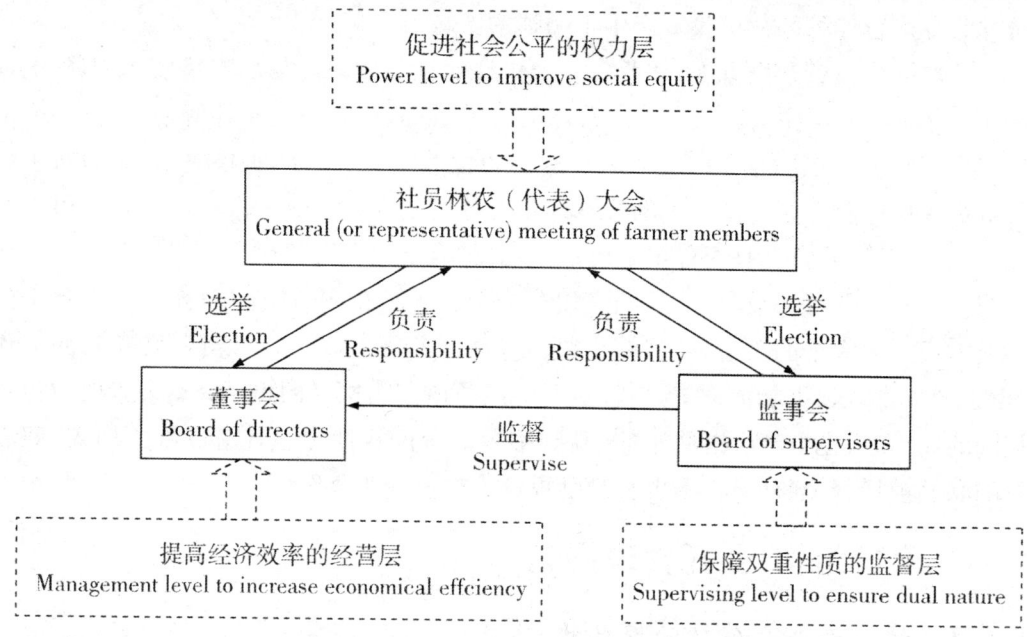

图 5-1 林业专业合作社的内部治理结构

林业专业合作社的监事会,也是由社员选举产生执行监事和监事会成员,理事长、理事、经理和财务会计人员不得兼任监事,它是林业专业合作社的专职监督机构,其基本职能是监督林业专业合作社的一切经营活动,向社员大会或代表大会负责。它还可负责对本林业专业合作社的财务进行内部审计,审计结果向社员大会报告。它要保障林业专业合作社的社会公平与经济效率的双重性。

5.2.5.2 与公司治理结构的比较

林业专业合作社的这种治理结构与典型的公司治理结构有相似之处,但也有差异的地方。

典型的公司治理是公司所有者实现利益保护的机制,这一点与林业专业合作社相同,林业专业合作社的治理是林业专业合作社所有者——社员农户实现利益保护的机制。公司治理结构的组织体系里一般由股东大会、董事会、监事会和经理层构成,股东大会产生董事会和监事会,董事会雇佣经理层,监事会负责对董事会和经理层的监督(图5-2)。以同样的机制,林业专业合作社的社员大会产生董事会和监事会,董事会可以按照林业专业合作社社员大会的决定聘任经理,监事会负责对董事会及其经理层的监督(图5-2)。

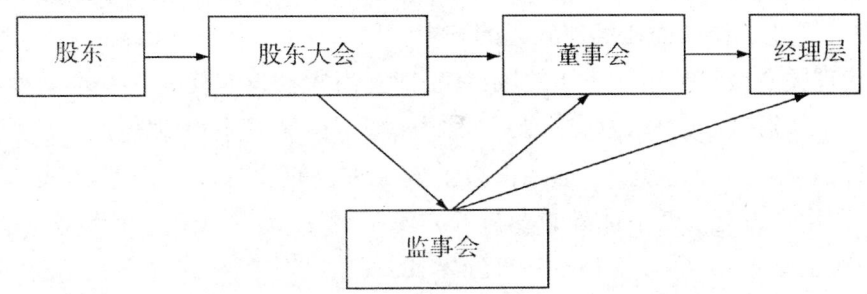

图 5-2 公司治理结构的典型组织体系

表 5-5 林业专业合作社与典型的公司治理的差异

序号	比较项目	林业专业合作社	典型公司
1	法人类型	合作社/企业法人	企业法人
2	经营目的	服务、互助、盈余	利润最大化
3	出资者权利性质	成员权利	财产权利
4	权利的流通性质	不可转让	可以转让
5	分配依据	惠顾量	出资比例

林业专业合作社治理结构与典型的公司治理的差异主要有五大方面(见表5-5)。在法人类型上,虽均具有法人资格,但在大陆法系国家的德国、英国、法国和日本等设立了专门的合作社法人;另一种是把合作社视为公司法人的一种,如英美法系国家的美国、英国、澳大利等(王如珍,2004)。之所以两大法系在此问题上存在着差异,是因为英美国家公司法的覆盖范围广泛,不仅包括以赢利为目的的公司和不以赢利为目的的公司,而且还包括按特别法成立的合作社法人(张元华,2010)。在经营目的上,林业专业合作社更加关注服务、互助、盈余共享和风险共担的合作文化理念,而典型的公司治理遵循个人主义的文化理念,其核心是解决代理人的激励约束问题。通过拉大经理层和普通雇员的收入差距对经理层进行激励。同时,高度发达的证券市场使企业面临接管和并购的威胁,迫使经理层注重企业绩效。另外,经理人的职业化和市场化也使经理层面临外部市场竞争,形成经理层的自我约束机制。作为社员的农户是基于成员权而获利的,是一种不可转让的权利,而公司则是基于其对公司的财产性投资获取利益,且可以转让,如股权。在利益分配方面,林业专业合作社是依据社员农户与本社的惠顾量为主,而公司进行股利分配时是以出资比例为基础。

5.2.5.3 林业专业合作社治理的委托代理问题

从广义上理解,林业专业合作社治理是保护林业专业合作社所有者利益实现的一系列制度安排,是包括林业专业合作社产权制度、激励约束机制、财务制度等在内的利益协调机制。从狭义角度理解,林业专业合作社治理主要解决合作社的委托代理问题。

(1) 林业专业合作社委托代理问题的产生

委托代理关系最早被用于法律领域,在法律上当 A 授权 B 代表 A 从事某种活动时,委托代理关系就发生了,A 称为委托人,B 称为代理人。在委托代理理论中,一般将"委托人"定义为不用有私人信息,在信息占有上处于劣势的参与者;"代理人"定义为拥有私有信息,在信息占有上处于优势的参与者。现在,委托代理理论上现代企业理论的重要构成部分,主要研究"所有权和控制权分离"的现代公司中,经济主体在信息不对称分布情况下的激励和约束问题。

据此,部分学者认为只有现代公司治理存在委托代理问题,但事实上合作社治理也存在委托代理问题。由于社员人数众多,合作社的经营管理不可能由所有成员来进行,合作社的经营管理仍是由代理人来进行的(经理人可以是他们选举出的董事会代表,也可以是董事会的雇佣人员),因此合作社也存在治理问题(匡萍,2008)。Vitaliano(1983)也认为,由于合作社的剩余索取权被限定在惠顾群体,并且是选择性权利,只有在成员保持对合作社惠顾时才发生,因此,合作社的剩余索取权既不可转让也不可分离,它们不能市场化,这样就会在合作社内部存在许多代理(或控制)问题。

同样,林业专业合作社在社员农户之间,尤其是农户大户、能人或者带头人和社区精英,在林业生产资源禀赋、参与目的以及承担角色等方面的异质性,社员农户之间的利益存在差异和冲突,但在林业专业合作社发展初期这些大户的作用非常大。由于成员资格是基于对林业专业合作社物品和服务的消费或惠顾,林业专业合作社通常是一个决策管理分离于风险承担的复杂组织,也就是说,林业专业合作社的普通社员农户并不经常在合作社中扮演经营管理角色,他们选择让理事会来雇佣、激励、监督和解聘实际运营合作社的经理人或者由理事会来直接运营。

(2) 林业专业合作社治理的委托代理理论分析

合作社是具有双重委托代理关系的,Eilers 和 Hanf(1999)认为当合作社的管理者向农民提供合同时,管理者是委托人,农民是代理人;反过来讲,当农民向合作社提供合同时,农民是委托人,合作社是代理人。在国内,按照罗必良(2000)建立的委托代理模型分析,他是建立在把社员视为代理人,合作社作为委托人的治理结构这一基础之上。郑少红(2008)也将一个农民合作经济组织抽象为一个雇主,其组织成员都被看作是雇员来分析。这种研究前提与这里的林业专业合作社内部治理的成员异质性和林业专业合作社所有权与控制权的实际问题有所差距。

与他们的分析前提相反,这里我们根据以上对林业专业合作社治理的委托代理问题产生的分析,把为数占大部分的普通社员农户视为雇主,即委托人,为信息劣势一方;把林业专业合作社的这几个少数理事或经理构成的经营层视为雇员,即代理人,为信息优势一方,在与普通社员农户共同分享林业专业合作社所有权的基础上,由于他们在信息方面的优势,所以他们更具有控制权。因此,如何让经营层努力工作,最大限度地调动他们的积极性是林业专业合作社要解决的治理问题。

假设林业专业合作社经营层的努力(effects)程度为 e,林业专业合作社的产出(Yield)为 Y,两者高度正相关,其函数关系可表示为:

$$Y = f(e)$$

经营层通过林业专业合作社获得的收益(Return)为 R,林业专业合作社为了调动经营层的积极性,必须使得林业专业合作社的产出 Y 与经营层的收益 R 相关:

$$R = R(Y) = R[f(e)]$$

经营层的努力成本为 $C(e)$,经营层为林业专业合作社服务、决策和经营得到的净收益必须大于不作为经营层能达到的效用水平 u,相当于经营层服务于林业专业合作社的机会成本,否则他将不愿意为广大普通社员农户服务,所以他的参与约束为:

$$R[f(e)] - C(e) \geq u$$

在这一参与约束下,林业专业合作社通常既要满足参与约束,又要能使经营层能发挥最大的服务积极性,则有:

$$\underset{e}{Max}[f(e) - C(e) - u]$$

下面通过图 5-3 求解 e 的最优解 e^*,容易看出上式的最大化是在 $f(e)$ 曲线与 $C(e)$ 曲线之间垂直距离最大化的时候。

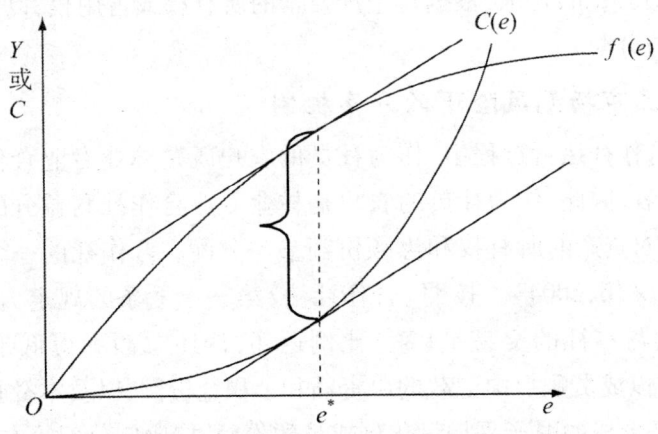

图 5-3 林业专业合作社管理者收益最大化的参与约束

在 e^* 点,$f(e)$ 曲线与 $C(e)$ 曲线的斜率相等,即林业专业合作社管理者努力的边际产出与边际成本相等。此时,对于其他任何努力程度 e,都不能让经营层的收益最大化。e^* 也是广大社员农户希望林业专业合作社管理者的服务水平。为了避免经营层的偷懒

倾向,林业专业合作社经营层选择 e^* 的努力程度获得的效用必须大于其他可供选择 e 的效用,即:

$$R[f(e^*)] - C(e^*) \geq R[f(e)] - C(e)$$

上式就是林业专业合作社经营层的激励相容约束,对于所有 e 的取值都成立,它使经营层付出 e^* 的努力程度时得到的净收益最大,这时从其自身的利益出发,将不会选择偷懒。该激励相容约束条件说明,经营层的最优努力程度正是林业专业合作社最满意的服务水平。

根据以上林业专业合作社的委托代理模型分析,满足参与约束和激励相容约束是林业专业合作社有效激励必须遵循的两个原则。即林业专业合作社的经营层为广大普通社员农户服务的净收益必须不低于不参与林业专业合作社经营层也能得到的净收益,林业专业合作社经营层所付出的最优努力程度正好是自己利益最大化的服务水平。

5.2.6 分配机制:林产品市场风险下的利益分配

利益分配机制是指合作经济组织追求效率获得利润之后,如何在组织内部进行利益的分配,以兼顾公平、维护生产劳动者的利益(孙亚范,2009)。林业专业合作社的利益的分配就是分配主体利用价值形式将林业专业合作社分配对象按一定的分配依据和方式,合理地分割给各个分配的参与者,并妥善处理相互之间经济关系的过程,其实质是将林业专业合作社生产经营成果在不同利益主体之间进行公平合理的分配。林业专业合作社的生产经营结果必须要在各个分配参与者之间进行分配。林业专业合作社的分配参与者应该包括国家、投资者、债权人、经营者、劳动者等个人或群体。这些利益主体按照自身利益最大化的要求,根据对生产要素的所有权或占用权,以及对收益形成做出的贡献要求参与分配。

5.2.6.1 林产品市场无风险下的分享机制

在林业专业合作社运行过程中,作为社员的农户既是林业专业合作社的使用者或惠顾者,也是所有者,因此,作为社员的农户是林业专业合作社利益分配的关键主体或参与者,他们依据对资产的所有权和惠顾份额参与分配。合作社的一个重要标志就是按惠顾额返利(王义伟,2004)。按照《合作社法》第三十七条的规定,合作社的可分配盈余首先"按成员与本社的交易量(额)比例返还,返还总额不得低于可分配盈余的60%",剩余部分"以成员账户中记载的出资额和公积金份额,以及本社接受国家财政直接补助和他人捐赠形成的财产平均量化到成员的份额,按比例分配给本社成员"。

但是张尧洪(2008)指出,《合作社法》多数分配规定比较容易理解,但税后利润提取的公积金转化为个人出资、接受国家财政直接补助和他人捐赠形成的财产量化到社员个人,含义不够确切。从行文理解,税后利润提取的公积金,作为弥补亏损、扩大生产经营使用时,可以不量化到个人;而转化为出资时,则必须量化到个人且记入社员账户;

接受国家财政直接补助和他人捐赠形成的财产,平均量化到社员个人,记入社员账户。量化的标准可以是:①按出资额量化;②按出资额+量化到该社员的公积金份额之和;③按惠顾额量化;④按社员人数量化;收入分配的量化必须要与风险分担的量化相结合,以实现"利益共享、风险共担"机制。因此,这里可以暂且不考虑量化到社员农户的公积金等这一小部分。

在曾明星和杨宗锦(2011)提出的分配模型中,其社员出资额或股份是按平均分配的。事实上,根据《合作社法》,出资额是按比例分配的,只不过是资金报酬有限,因为60%以上的盈余用于按惠顾额返利,此外他们也没有将市场风险考虑在内。因此,这里认为社员农户通过林业专业合作社的预期收益最主要(也是合作社最基本的特征)就是这三大部分:惠顾收入(Patronages)、返利收入(Rebates)和股金收入(Stocks),这里通过数学表达式可以表示为:

$$R_i^e = P_a + R_e + S \tag{5.1}$$

式中:

R_i^e——第 i 个社员农户通过林业专业合作社的预期总收入($i=1,2,3,\cdots,n$),根据我国《合作社法》,要求合作社具有五名以上成员,因此,$n>5$;

P_a——惠顾收入(Patronages)

R_e——返利收入(Rebates)

S——股金收入(Stocks)

在林业专业合作社产生盈余的情况下,即当 $P_r > 0$ 时,根据合作社利益分配原则可以将上式(5.1)展开为:

$$R_i^e = Q_i P_0 + \theta P_r \frac{Q_i}{\sum_{i=1}^n Q_i} + (1-\theta) P_r \frac{S_i}{\sum_{i=1}^n S_i} \tag{5.2}$$

式中:

Q_i——第 i 个社员农户的林产品生产经营规模;

P_0——林业专业合作社对社员农户的林产品收购价;

θ——用于返利的盈余比例,根据我国《合作社法》,返还总额不得低于可分配盈余的60%,因此,$0.6 \leq \theta \leq 1$;

P_r——林业专业合作社的盈余(Profits),$P_r > 0$;

S_i——第 i 个社员农户的出资额或股金(Stocks)。

从(5.2)式表示的社员农户利益分配机制可以看出林业专业合作社的激励机制所在,社员农户的收益与他与林业专业合作社的惠顾量、林业专业合作社盈余及社员农户出资额或股金正相关关系,在林业专业合作社盈余情况下($P_r > 0$),惠顾量和及其出资额或股金越多,其收益越大,形成了"利益分享式"的分配机制(5.2)。

5.2.6.2 林产品市场风险下的分担机制

以上只是在林业专业合作社盈余情况下($P_r > 0$)的分配机制,尽管加入林业专业合作社从一定程度上能够规避单个农户难以应对的市场风险,但并不代表消除了市场风险。因此,这里有必要引入林产品市场风险机制,对林业专业合作社的盈余进行深入分析。在林产品市场机制里,其市场风险通过林产品价格加以表现。这里假设,林产品市场风险发生的概率为α,$0 < \alpha < 1$,此时林业专业合作社售出的林产品价格为P_1。林产品市场风险不发生时,林业专业合作社售出的林产品价格为P_2。由于林产品市场风险发生时林业专业合作社售出的林产品价格低于风险不发生时的价格,$P_1 < P_2$。这里可以暂时不考虑组织成本,并不影响以下分析,那么林业专业合作社的盈余可以用下面的数学表达式(5.3)表示。

$$P_r = (P_2 - P_0)\sum_{i=1}^{n} Q_i - \alpha(P_2 - P_1)\sum_{i=1}^{n} Q_i \quad (5.3)$$

式中:

P_1—— 林产品市场风险发生时林业专业合作社售出的林产品价格;

P_2—— 林产品市场风险不发生时林业专业合作社售出的林产品价格;

α—— 林产品市场风险发生的概率($0 < \alpha < 1$)。

当林产品市场发生风险时,林业专业合作社的盈余难以得到保证,此时$P_r = 0$,代入(5.3)式得到:

$$\alpha = (P_2 - P_0)/(P_2 - P_1)$$

由于$0 < \alpha < 1$,所以$P_1 < P_0$,即林业专业合作社的林产品售出价格小于社员农户的林产品惠顾价格。

从以上分析可以看出林业专业合作社的盈余与林产品的市场风险,确切地说是林产品市场的价格风险有着莫大关系。如果林产品市场的价格风险出现时,即林业专业合作社的林产品售出价格小于社员农户的林产品惠顾价格($P_1 < P_0$)时,林业专业合作社将出现无利可图,甚至盈亏($P_r < 0$)。这时社员农户无盈余返还,甚至还要通过社员农户的惠顾收入P_a来弥补林业专业合作社的盈亏局面。因此,在林产品市场价格风险下,社员农户的"利益分享式"(5.2)式变为下面的"风险共担式"(5.4)式。

$$R_i = Q_i P_0 + \theta P_r \frac{Q_i}{\sum_{i=1}^{n} Q_i} + (1 - \theta) P_r \frac{S_i}{\sum_{i=1}^{n} S_i} \quad (5.4)$$

式中:

R_i—— 市场风险下第i个社员农户通过林业专业合作社的实际总收入($i = 1, 2, 3, \cdots, n$,且$n > 5$);

P_r—— 林业专业合作社的盈亏($P_r < 0$)。

这时社员农户通过林业专业合作社的实际收益小于预期收益（$R_i < R_i^e$），从而形成了林业专业合作社较为完善的"利益分享、风险共担"的利益和风险分配机制。

5.2.7　决策机制：非对称决策的博弈模型

5.2.7.1　合作社的理论决策机制

自合作社诞生以来，民主决策就是其代表性制度（孔祥智，2008）。在林业专业合作社这种特殊组织中，林产品生产经营决策应该由社员农户投票决定。根据国际合作社联盟确定的合作社原则，合作社应该实行"一人一票"，使每个社员都拥有公平的决策权。我国《合作社法》的规定也大致遵循这一原则，尽管规定合作社可以有最多不超过表决权总数20%的附加投票权。林业专业合作社应该在这样的制度规定下，通过社员农户相对公平地行使管理决策权确定林业专业合作社的重大生产经营决策。

5.2.7.2　实践中非对称决策机制及其博弈模型分析

（1）模型假设

在林业专业合作社当前的实践中，比较普遍的现象是，合作社的决策权并不是在每个社员农户之间进行公平分割的，而是在董事长、理事长等管理者或者代理人和普通社员农户之间形成了明显的决策权的非对称结构。这些代理人的决策权力远超过普通社员农户。虽然张雪莲和冯开文（2008）做过类似讨论，但他们忽略甚至否定了合作社的利益分配机制。下面利用一个动态博弈模型对林业专业合作社目前实践中普遍存在的非对称决策机制进行解析。

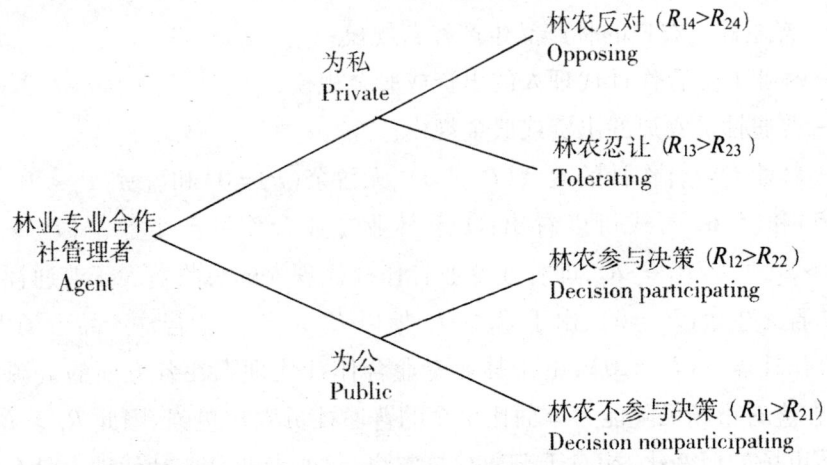

图5-5　林业专业合作社非对称决策机制的博弈结构

考虑到林业专业合作社的特殊性，在这里假定合作社代理人与普通社员农户是博弈双方的两个参与人，两者均为理性人，并标准化为两个不同的经济行为人，他们之间存在信息不对称的情况。同样假设林产品市场风险以一定概率的可能性发生，通常林业专业合作社的代理人先行决策分为服务社员农户(为公)和利用林业专业合作社资源为自己谋取更大利益(为私)。而作为普通社员的农户在代理人为私的情况下要么反对,要么忍让;在林业专业合作社管理者为公的情况下,普通社员的农户也有两种决策选择,参与或者不参与决策(见上图5-5所示)。

(2)博弈支付函数

为了方便分析,这里假设林业专业合作社代理人或者管理者的林产品生产经营规模为 Q_1,出资或股金规模为 S_1,作为社员的普通农户的林产品生产经营规模为 Q_2,出资或股金规模为 S_2。在当前的实践中,林业专业合作社代理人或者管理者多为当地农村社区精英,拥有的社会资本、林业生产要素和自身的管理技能或知识等资本规模占优势,所以,$Q_1 > Q_2$,$S_1 > S_2$。

根据(5.2)式和(5.4)式分别得出林业专业合作社代理人和普通社员农户的总收益数学表达式:

$$R_1 = Q_1 P_0 + \theta P_r \frac{Q_1}{Q_1 + Q_2} + (1 - \theta) P_r \frac{S_1}{S_1 + S_2} \quad (5.5)$$

$$R_2 = Q_2 P_0 + \theta P_r \frac{Q_2}{Q_1 + Q_2} + (1 - \theta) P_r \frac{S_2}{S_1 + S_2} \quad (5.6)$$

式中:

R_1——林业专业合作社代理人通过林业专业合作社的总收益;

R_2——普通社员农户通过林业专业合作社的总收益;

Q_1——林业专业合作社代理人的林产品生产经营规模;

Q_2——普通社员农户的林产品生产经营规模;

S_1——林业专业合作社代理人的出资或股金规模;

S_2——普通社员农户的出资或股金规模;

P_r——林业专业合作社的盈余($P_r > 0$)、无盈余($P_r = 0$)和盈亏($P_r < 0$)。

从(5.5)和(5.6)两式可以看出:①若林业专业合作社产生盈余($P_r > 0$),由于 $Q_1 > Q_2$,$S_1 > S_2$,所以 $R_1 > R_2$,即林业专业合作社代理人的总收益大于普通社员农户的总收益。②若无盈余($P_r = 0$),由于 $Q_1 > Q_2$,所以 $R_1 > R_2$。③若林产品市场出现风险,林业专业合作社盈亏($P_r < 0$),由于林业专业合作社代理人在各方面的资源和资本上占据优势,在应对市场风险能力方面比单个的普通社员农户更强,因此 $R_1 > R_2$。因此,无论林产品市场如何变化,相对于普通社员农户,林业专业合作社代理人具有更强的适应或者应对能力,亦即 $R_1 > R_2$。

在以上博弈结构(图5-5)下,博弈双方的行为顺序是:林业专业合作社代理人先决定"为私"还是"为公";普通社员农户观察到林业专业合作社代理人是否"为私"后,再决定自己的策略选择;普通社员农户的策略选择又会对林业专业合作社代理人产生影响。双方通过互相影响、不断调整的行为策略，走向纳什均衡点。在这里将引入林业专业合作社的决策和协调等组织成本，那么博弈参与人的支付函数情况分析如下：

若林业专业合作社代理人选择"为公"，普通社员农户选择"不参与决策"策略，此时，林业专业合作社代理人的决策为独立决策，成本为 C_{11}，普通社员农户无决策成本。这样，林业专业合作社代理人和普通社员农户的支付函数为 R_{11} 和 R_{21}，分别表示为：

$$R_{11} = R_1 - C_{11} \tag{5.7}$$

$$R_{21} = R_2 \tag{5.8}$$

若林业专业合作社代理人选择"为公"，普通社员农户选择"参与决策"策略，林业专业合作社代理人需要组织和协调普通社员农户的参与等，其成本为 C_{12}，普通社员农户的决策成本为 C_{22}。那么，林业专业合作社代理人和普通社员农户的支付函数为 R_{12} 和 R_{22}，分别表示为：

$$R_{12} = R_1 - C_{12} \tag{5.9}$$

$$R_{22} = R_2 - C_{22} \tag{5.10}$$

若林业专业合作社代理人选择"为私"，普通社员农户选择"忍让"策略，林业专业合作社代理人获得额外(Additional)的收益为 A，此时依然是独立决策，其成本还是 C_{11}。普通社员农户损失(Loss)的利益为 L。此时，林业专业合作社代理人和普通社员农户的支付函数为 R_{13} 和 R_{23}，分别表示为：

$$R_{13} = R_1 + A - C_{11} \tag{5.11}$$

$$R_{23} = R_2 - L \tag{5.12}$$

若林业专业合作社代理人选择"为私"，普通社员农户选择"反对"策略，林业专业合作社代理人决策成本为 C_{14}。普通社员农户通过反对(Oppose)策略讨回收益为 O，反对成本为 C_{24}，这时，林业专业合作社代理人和普通社员农户的支付函数为 R_{14} 和 R_{24}。

$$R_{14} = R_1 + A - O - C_{14} \tag{5.13}$$

$$R_{24} = R_2 - L + O - C_{24} \tag{5.14}$$

(3) 博弈均衡分析

下面通过对比分析以上林业专业合作社代理人和普通社员农户的博弈支付函数，寻求该完全信息动态博弈模型的精炼子博弈纳什均衡。

在林业专业合作社代理人选择"为公"的策略下，观察(5.8)和(5.10)两式，$R_{21} > R_{22}$，普通社员农户选择"不参与决策"。现在观察(5.7)和(5.9)两式，由于林业专业合作社代理人在普通社员农户选择"参与决策"时要付出更多的协调等组织成本，而且大于在普通社员农户选择"不参与"策略时自己独立的高效的决策成本，即 $C_{12} > C_{11}$，所以 $R_{11} > R_{12}$。因此，(R_{11}, R_{21}) 对应的"为公，不参与"为林业专业合作社代理人和普通社员农户双方的占优策略。

在林业专业合作社代理人选择"为私"的策略下，观察(5.12)和(5.14)两式，得出普通社员农户是否选择"反对"策略，取决于(5.14)式的 $O - C_{24}$，即反对策略讨回收益 O 和反对成本 C_{24} 之间的比较，因此，存在下面两种可能：

若 $O - C_{24} > 0$ 时，即普通社员农户选择"反对"策略的收益大于其成本。这时林业专业合作社代理人就要比较"为公"和"为私"两种策略的支付函数，即比较 R_{11} 和 R_{14} 大小来决定自己是否继续"为私"。现观察(5.7)和(5.13)两式，关键是比较 $-C_{11}$ 和 $A - O - C_{14}$ 大小。①当 $-C_{11} > A - O - C_{14}$ 时，$R_{11} > R_{14}$，林业专业合作社代理人选择"为公"策略，由之前的分析得知，当林业专业合作社代理人"为公"时，普通社员农户选择"不参与决策"策略，形成"为公，不参与"博弈均衡。②当 $-C_{11} < A - O - C_{14}$ 时，$R_{11} < R_{14}$，林业专业合作社代理人选择"为私"，虽然普通社员农户选择"反对"的收益大于"反对"成本，但也有可能小于林业专业合作社代理人"为私"时所遭受的损失和"反对"成本之和，即 $O < L + C_{24}$，或者 $-L + O - C_{24} < 0$，此时观察(5.14)式，得出 $R_{14} < R_2$，普通社员农户可能得不偿失，难以形成博弈均衡。

若 $O - C_{24} < 0$ 时，即普通社员农户选择"反对"策略的收益小于其成本。比较(5.12)和(5.14)两式，可得出 $R_{23} > R_{24}$，普通社员农户选择"忍让"。对于林业专业合作社代理人，观察(5.7)和(5.11)两式，明显 $R_{11} > R_{13}$，林业专业合作社代理人则选择"为私"，此时形成 (R_{13}, R_{23}) 对应的"为私，忍让"的博弈均衡。

（4）政策含义

在林业专业合作社发展的初期，农村社区精英或者能人往往成为林业专业合作社代理人或管理者，他们所拥有的技能、知识和社会关系网络的边际效用非常大（如图5-6所示）。

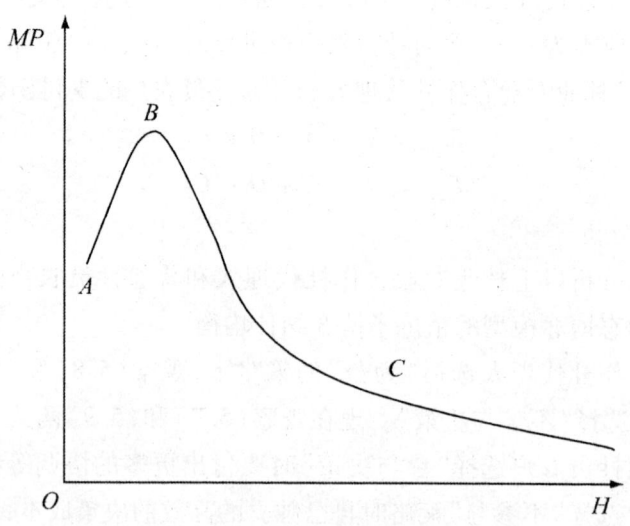

5-6 社区能人在林业专业合作社发展初期的边际效益

即假设在短期内，资本、土地和劳力这些要素固定不变时，作为可变要素的能人（企业家）的各种人力资源（Human resources）投入设为H，一般表现为开始阶段的边际收益

(MP)递增和随后出现的边际收益递减规律。在林业专业合作社建立和发展初期,即曲线左边(A 点到 B 点)社区能人这时利用自己的影响力在组织管理、决策、开拓市场等方面发挥的作用非常大(曲线斜率比较大),由于市场的打开,大大提高了农户社员的收入。直到顶点 B,林业专业合作社的林产品市场规模比较稳定。长期而言,能人的边际效用递减规律发挥了作用(从顶点 B 过 C 点区域)。

博弈分析结果,一方面在一定程度上解释了当前林业专业合作社非对称决策机制的现实合理性。因为在当前农村的林业生产要素市场上,林业生产资金和管理技能及知识型人力资本是非常稀缺的,他们的边际效益非常大。需要根据代理人或管理者拥有的资源和资本优势,生产经营规模优势等赋予他们较大的决策权重。但是另一方面,从长期来看,不管林业专业合作社代理人或管理者"为私"与否,普通社员农户的占优策略"不参与决策"或者"忍让"都不利于他们自身和林业专业合作社的持续发展。

5.4　林业专业合作社利益相关者理论分析

以上围绕社员农户和林业专业合作社的经营层,对林业合作社的内部运行机制进行了剖析。这一节开始需要放宽分析尺度,通过引入状态依存(Contingent)所有权、利益相关者和契约理论,围绕林业专业合作社的其他利益相关者,对家庭林业合作组织的这种独特形式进行研究。通过对林业专业合作社利益相关者的界定和划分,试图通过引入这些利益相关者,能够更好地了解他们关于林业专业合作社的不同目标、需求或者态度与行为,使得林业专业合作社的分析更为紧密。因为从横向上考虑了不同类型的利益相关者,纵向上则涉及了利益相关者的不同层次。

5.3.1　林业专业合作的状态依存所有权

利益相关者理论的一个重要基础就是将企业所有权理解为状态依存所有权,即在企业不同的经营状态下,对应着不同的剩余索取权和控制权的安排,这里可以进一步佐证利益相关者分享企业所有权的合法性。若企业经营状态发生变化或某个财产权利主体的利益受到损害,受损方就会启用某种机制,保护自己的利益。在企业正常的经营状态下,债权人取得契约确定的收入,工人获取固定工资,因而债权人和工人一般没有企业的控制权。此时,股东拥有企业的剩余控制权和剩余索取权。而当企业经营不善、不能按期偿还债务时,企业已不存在剩余收入,此时债权人便拥有企业的剩余控制权了。由此可见,企业所有权并不天然地属于股东,而又可能在不同签约方之间发生转移。

因此,这里可以认为林业专业合作社的经营状态和发展不仅仅关系到普通社员农户与林业专业合作社的经营层这些组织内的利益相关者,还关系到林业专业合作社外部的利益相关者。据此下面通过利益相关者利益对林业专业合作社的利益相关者进行界定、划分和目标分析。

5.3.2 林业专业合作社利益相关者的界定

弗利曼(Freeman,1984)给予广义利益相关者的经典定义是："企业利益相关者是指那些能影响企业目标的实现或被企业目标的实现所影响的个人或群体"。克拉克(Clarkson,1994)认为,企业的目标是为所有利益相关者创造财富和价值,企业是由利益相关者组成的系统,它与为企业活动提供法律和市场基础的社会大系统一起运作。米切尔和伍德(Mitchell A.,Wood D.,1997)认为,作为利益相关者必须具备三个条件之一：①影响力,即某一群体是否拥有影响企业决策的地位、能力和相应的手段；②合法性,即某一群体是否被法律和道义上赋有对企业拥有的索取权；③紧迫性,即某一群体的要求能否立即引起企业管理层的关注。Starik(1994)从动态角度考察,提出了潜在利益相关者的概念,即可能对企业目标实现产生影响或反过来可能被其影响的个人或群体。

从林业专业合作社的这一特殊组织来看,综合以上理论不同角度的界定,这里把一个林业专业合作社的利益视为一个集合,该集包括社员农户和林业专业合作社的经营层两个利益的子集(这两个子集互为交集,因为林业专业合作社少数经营者构成的经营层由社员农户中选举产生,他们同时也是社员),并分别与非社员农户、社区管理者、林业部门、工商部门、金融部门和林产品消费者这六个利益的集为交集(见图5-7)。

图 5-7 林业专业合作社利益相关者的界定与关系

因此,可以初步界定林业专业合作社的利益相关者具体涉及到以下八个：作为社员的农户、非社员农户、林业专业合作社管理者、社区管理者、林业部门、工商部门、金融部门、林产品消费者。

作为林业合作社成员的农户,无疑是林业合作社最为关键的利益相关者。他们充当着林业专业合作社的顾客(Costumers)、惠顾者(Patrons)、所有者(Owners)和成员

(Members)四个角色。根据 Freeman 的定义,他们是能影响林业合作社目标的实现或被林业合作社目标的实现所影响的个人。根据米切尔(Mitchell)的利益相关者三个必备条件:影响力,作为林业合作社的社员农户通过民主决策、投票权等相应手段影响林业专业合作社的决策。合法性,林业合作社是成员所有的企业,作为林业专业合作社的社员农户合法拥有林业专业合作社的索取权,如按惠顾量返还以及二次返利。紧迫性,作为林业合作社成员的农户的需求能立即或直接引起林业合作社管理层的注意。社员农户为林业专业合作社提供林产品,合作社为农户提供服务、返利等。

林业专业合作社的管理者,例如林业专业合作社的理事、经理等,他们是林业专业合作社经营管理的代理人,同时也是社员。他们与作为林业专业合作社成员的农户一样,都符合利益相关者的必备条件,同样是能影响林业合作社目标的实现或被林业合作社目标的实现所影响的个人。他们为林业专业合作社的经营管理提供知识和技能等,合作社为他们提供服务、返利等。

非合作社成员的农户,根据 Starik(1994)的动态角度来考察,是林业专业合作社的潜在利益相关者,他们有可能受林业专业合作社效益的影响或带动示范作用而成为林业专业合作社的成员,林业专业合作社也可以收购非社员农户的林产品。

社区管理者,是指林业专业合作社所涵盖的当地农村社区的决策者,往往代表着当地农村社区及其集体经济。他们往往又是社区的精英,掌握着当地农村社区的更为优势的社会资本,同样能够影响林业专业合作社的发展。同时可能也是林业专业合作社的成员,甚至是林业专业合作社的领导。他们对当地的林业专业合作社提供支持服务,林业专业合作社为社区的发展提供服务。

政府部门,这里包括林业部门、工商部门。他们同样能影响林业专业合作社目标的实现,林业专业合作社目标的实现也能影响到这些部门。如林业部门的引导和服务影响林业专业合作社的效率,工商部门的依法登记注册和税收管理影响林业专业合作社的地位与收益。反之,林业专业合作社的目标的实现也符合林业部门和工商部门的利益取向,林业专业合作社经营生产产生的税和费分别提供给工商部门及林业部门。

金融部门,这里可能包括了商业性银行、政策性银行、农村信用社等机构。他们与林业专业合作社之间的关系与政府部门和林业专业合作社之间的关系相类似。金融部门是林业专业合作社生产要素中资金要素的重要来源,他们在很大程度上会影响林业专业合作社目标的实现,林业专业合作社目标的实现有利于避免这些金融部门坏账的出现,金融部门的收益可为林业专业合作社提供本息收益。

林产品收购商或消费者,他们也是林业专业合作社的顾客。这里是指除林业专业合作社的社员以外的直接从林业专业合作社购买林产品或者服务的个人或者群体,他们也是直接影响林业专业合作社目标实现的利益相关者。而且通过市场中的林产品价格机制对林业专业合作社的决策具有较大的影响力,并能快速影响决策层的关注。可以说,没有这些林产品收购商或消费者的参与,林业专业合作社便无法生存。此外,从动态的角度看,林产品市场上还存在一些林业专业合作社的潜在客户,他们的需求和购买力也可能影响到林业专业合作社的进一步收益。

5.3.3 林业专业合作社利益相关者的种类划分

查克汉姆(Charkham,1992)按照相关利益群体与企业是否存在交易性合同关系,将利益相关者分为契约型利益相关者(Contractual Shareholders)和公众型利益相关者(Community Shareholders)。前者包括股东、雇员、顾客、分销商、供应商、贷款人等,后者包括消费者、监管者、政府、媒体、社区等。

克拉克逊(Clarkson,1994,1995)根据相关者群体在企业经营活动中承担风险的方式,将利益相关者分为主动的利益相关者(Positive Stakeholders)和被动的利益相关者(Passive Stakeholders);有的利益相关者会对企业主动施加影响,往往主动地承担企业经营风险,如股东、治理人员、职工、债权人、国家、行业协会、供给商、工会、环保组织、客户及竞争对手;另外一些利益相关者则被动地受企业经营行为影响,被动地承担企业经营风险,如教育机构、媒体、政治团体、宗教团体、非人物种、人类下一代、社区、公众等。克拉克逊又根据利益相关者与企业联系的紧密程度,将利益相关者分为主要的利益相关者(Primary Stakeholders)和次要的利益相关者(Secondary Stakeholders),前者是指若没有这些群体的参与,企业就无法生存,包括股东、雇员、顾客、供应商等;后者是指间接影响企业的运作或受到企业的间接影响的群体,他们对企业的生存起不到根本性的作用,比如社区、政府、媒体等。

威勒(Wheeler,1998)根据社会维度的紧密型差别(实际上是结合了社会性与紧密性),将利益相关者分为四种:一级社会性利益相关者,是指与企业有直接关系的社会人,如顾客、投资者、雇员、社区、供应商等;二级社会性利益相关者,是指通过社会性活动与企业形成间接关系的社会群体,如居民、相关团体等;一级非社会性利益相关者,是指对企业有直接的影响,但不与具体的人发生联系,如自然环境、人类后代等;二级非社会性利益相关者,是指对企业有间接关系,同时也不与人联系,如非人物种等。

卡罗(Carroll,1996)提出了两种分类方法,一种是根据利益相关者与公司关系的正式性,区分为直接利益相关者和间接利益相关者,前者是由于契约和其他法律承认的利益而能直接提出的索取权的人或团体,后者是基于非正式关系的利益团体,他们对公司的影响是次要的。第二种分类是将利益相关者区分为核心利益相关者、战略利益相关者和环境利益相关者。核心利益相关者是对企业存在生死攸关的人或团体,战略利益相关者是企业在面对特定的威胁或机会时才显得重要的人或团体,而环境利益相关者则概括了企业存在的外部环境。

米切尔(Mitchell,1997)指出,利益相关者理论有两个核心问题:一是利益相关者的认定(Stakeholders Identification),即谁是企业的利益相关者;二是利益相关者的属性(Stakeholders Saliencies),即管理者依据什么来给予特定群体以关注。他从三个维度区分了利益相关者的关系,指出利益相关者必须要具有三个属性之一:即影响力(power),某一群体是否拥有影响企业决策的地位、能力和相应的手段;合法性(legitimacy),某一群体是否被赋予法律意义上或者特定的对于企业的索取权;紧迫性(urgency),某一群体的要求是否立即引起企业高层的关注。他根据利益相关者对三个属性的拥有情况进行评分,把利益相关者细分为了三类:①确定型利益相关者(Definitive Stakeholders),这一群体同时拥有对企业的合法性、影响力和紧迫性。这一群体的典型代表有大股东、拥有人力资本的管理者等;②预期型利益相关者(Expectant Stakeholders),这一群体拥有对上述属性中的两项;③潜在的利益相关者(Latent Stakeholders),是指只拥有上述属性中的一项的群体。

为了帮助更好和进一步理解林业专业合作社不同利益相关者与林业专业合作社的相互作用,根据以上利益相关者的划分依据,下面将林业专业合作社的利益相关者进行划分与归类(表5-6)。

表5-6 林业专业合作社利益相关者种类划分

序号	利益相关者	划分结果
1	社员农户	契约型利益相关者、主动利益相关者、主要利益相关者、一级社会性利益相关者、直接利益相关者、核心利益相关者和确定型利益相关者
2	非社员农户	公众型利益相关者、被动利益相关者、次要利益相关者、二级社会性利益相关者、间接利益相关者、环境利益相关者和潜在的利益相关者
3	合作社管理者	契约型利益相关者、主动利益相关者、主要利益相关者、一级社会性利益相关者、直接利益相关者、核心利益相关者和确定型利益相关者
4	林产品消费者	契约型利益相关者、主动利益相关者、主要利益相关者、一级社会性利益相关者、直接利益相关者、核心利益相关者和预期型利益相关者
5	社区管理者	公众型利益相关者、被动利益相关者、次要利益相关者、一级社会性利益相关者、间接利益相关者、环境利益相关者和潜在的利益相关者
6	林业与工商部门	公众型利益相关者、被动利益相关者、二级社会性利益相关者、直接利益相关者和环境利益相关者
7	融资部门	契约型利益相关者、主动利益相关者、主要利益相关者、直接利益相关者、战略利益相关者和确定性利益相关者

林业专业合作社成员的农户,他们是契约型利益相关者、主动利益相关者、主要利益相关者、一级社会性利益相关者、直接利益相关者、核心利益相关者和确定型利益相关者。没有这些农户的支持,林业专业合作社便无法生存,它是林业专业合作社这个组

织的基本构成单元。

　　林业专业合作社顾客,他们可以说是林业专业合作社的林产品收购商、木材生加工厂商等直接购买林业专业合作社产品的消费者。他们是契约型利益相关者、主动利益相关者、主要利益相关者、一级社会性利益相关者、直接利益相关者、核心利益相关者和预期型利益相关者。

　　林业专业合作社的领导者,他们通常拥有良好的人力资本,才能成为林业专业合作社的管理者。他们与林业专业合作社成员的农户一样,是契约型利益相关者、主动利益相关者、主要利益相关者、一级社会性利益相关者、直接利益相关者、核心利益相关者和确定型利益相关者。

　　社区管理者,往往代表整个社区的利益,他们是公众型利益相关者、被动的利益相关者、次要利益相关者、一级社会性利益相关者、间接利益相关者、环境利益相关者和潜在的利益相关者。

　　政府部门,林业专业合作社主要涉及到的政府部门是林业部门和工商部门。他们是公众型利益相关者、被动的利益相关者、二级社会性利益相关者、直接利益相关者和环境利益相关者。

　　金融部门,这里主要涉及到相关银行等贷款机构,他们向林业专业合作社的贷款可以视为对林业专业合作社的资金投资或者债权人。因此,对于林业专业合作社,他们是契约型利益相关者、主动利益相关者、主要利益相关者、直接利益相关者、战略利益相关者和确定性利益相关者。

　　非林业专业合作社社员的农户,他们通常是当地农村社区的居民,是林业专业合作社的公众型利益相关者、被动利益相关者、次要利益相关者、二级社会性利益相关者、间接利益相关者、环境利益相关者和潜在的利益相关者。

5.3.4　林业专业合作社利益相关者的契约与目标分析

　　林业专业合作社的利益相关者不同,目标有差异,这种差异来源于林业专业合作社与其利益相关者所联结的社会契约类型不同,这些契约一旦缔结,各利益相关者将朝着各自的目标而努力。现代经济学中的契约概念,实际上是将所有的市场交易(无论是长期的还是短期的、显性的还是隐性的)都看作是一种契约关系,并将此作为经济分析的基本要素。

5.3.4.1　当地农村社区

　　非社员农户和当地农村社区的管理与林业专业合作社之间的契约是一种非正式契约(informal contract)。相对于正式契约,它是一种自发形成的契约,这种契约关系没有明文规定上的强制约束力,可能是基于某些约定俗成或看不见的力量促进了它们之间的关系。如林业专业合作社的发展可以对当地社区和其他居民的发展产生积极影响,这方面国外已经进行了很多实践,国外除了林主个人福利的提高外,林主合作组织对农村社区发展的促进作用已经越来越受到国家,尤其是发展中国家的重视。这种重视主要源于以下两种认识,一是社区成员对林业合作社的投入均在社区内有所收益,结果对社区产生了正面的经济影响,社区可实现资金自足。另外,还有一些积极的无形的影响,如林业合作社使林主共同参与决策会议等,从而形成或加强了林主的社区价值观(谢和生,李智勇,2011)。这正是非社员农户和当地农村社区管理者的目标。基于这种非正式的契约关系,非社员农户和当地农村社区管理者应对林业专业合作社的建立与发展给予一定的支持与服务。例如,当地社区可为林业专业合作社提供土地、仓储、水电、道路设施、人文环境等各个方面的资源。

但问题是林业专业合作社与原村集体经济组织存在短期利益冲突,尤其是在林业专业合作社成立初期,集体林权制度改革开展后,在当地社区的集体经济组织从集体林的收入已经减少的情况下,还要支持林业专业合作社的发展,从这点上看确实存在矛盾。但从长期来看,对社区的发展是有利的。因此,任大鹏(2009)提出社区同样可以向合作社提出一些主张或意见,表现为向合作社所缺公共产品,要求合作社为社区安置就业,以弥补社区治理上的空白。

5.3.4.2 林产品购买商及其契约偏好

林业专业合作社的林产品消费者通常是直接从林业合作社收购或批发林产品的购买商或企业等,他们与林业专业合作社的契约类型通常是一种正式契约(formal contract),即通过双方所签订的销售合同等规范他们之间的交易。这种正式契约也可以说是自我履约协议或者第三方履行契约,在自我实施的契约下,如果一方违反契约的条款,另一方的唯一追索权是终止协议。也就是说,契约不会由政府或任何第三方来强制执行。当契约的自我履约机制失效时,就要求具有辅助性的机制,即来自契约外的第三方的干预。在第三方履行契约中,解决争端的程序是事前由各方商定的,参与调解行动的第三方可以是私人的,也可能是公共的,或者是两者的混合(卢现祥,朱巧玲,2007)。他们的契约关键也是不完全契约(incomplete contract),由于双方的有限理性,外在环境的复杂性,不确定性,信息的不对称和不完全性,林业专业合作社与林产品购买商或仲裁者无法证实或观察一切,就造成了契约条款是不完全的(拉斯·沃因,汉斯·韦坎德,1999)。

这种交易和社员农户与林业专业合作社之间的惠顾不同,前者由于契约的不完全性,林产品购买商从中追求以其利润最大化为目标。后者由于是激励契约,所谓激励契约是指委托人采用某种激励机制以诱使代理人按照委托人的意愿行事的一种条款,通常情况下,在制定一个激励契约时,主要采用实物地租的形式,计件工资是另一种激励契约的形式,按相对产出支付报酬也是激励契约的一种形式(拉斯·沃因,汉斯·韦坎德,1999)。林业专业合作社与其普通社员农户和经营层之间的这种契约形式就是以社员农户及经营层的相对林产品产出支付报酬的形式出现的。因此,他们的目标是以合作社的激励机制从中获取其个人通过其他途径所无法得到的收益和服务。

林产品购买商偏好于与林业专业合作社进行交易而不是农户个人,是因为与每一个农户的契约成本总和远高于与一个林业专业合作社的契约成本。这些契约成本都涉及到签约成本、履约成本和监督成本。

为了对林产品购买商的成本进行对比,这里假设林产品购买商以市场价格 P 收购 n 个农户的林产品,每个农户出售的林产品量为 Q_i,林产品收购商与农户个体 i 之间的签约成本为 C_{1i},履约成本为 C_{2i},监督成本为 C_{3i},此时林产品收购商需要与 n 个农户个体产生 n 次正式契约关系。那么,与农户个体之间发生的成本 C_a 可以表示为:

$$C_a = p \sum_{i=1}^{n} Q_i + \sum_{i=1}^{n} (C_{1i} + C_{2i} + C_{3i}) \quad (5.15)$$

式中:$i = 1,2,3,\cdots,n$

现在假设这 n 个农户组成林业专业合作社,林产品购买商同样以市场价格 P 向该林业专业合作社购买等量的林产品,此时林产品收购商只需与林业专业合作社发生契约关系即可,不需要与每个社员农户发生契约关系,那么,林产品购买商这时的契约成本相当于分别与 n 个农户个体产生的平均契约成本,见(5.16)式表示:

$$\bar{C} = \frac{1}{n} \sum_{i=1}^{n} (C_{1i} + C_{2i} + C_{3i}) \quad (5.16)$$

式中:$i = 1,2,3,\cdots,n$

因此,林产品购买商与林业专业合作社之间发生的成本 C_b 可以表示为:

$$C_b = P \sum_{i=1}^{n} Q_i + \frac{1}{n} \sum_{i=1}^{n} (C_{1i} + C_{2i} + C_{3i}) \quad (5.17)$$

式中:$i = 1,2,3,\cdots,n$

对比(5.15)和(5.17)二式可以看出,$C_a > C_b$,即农户产品购买商向林业专业合作社购买林产品的成本小于向 n 个农户个体购买等量林产品的成本,所以林产品购买商选择与林业专业合作社进行交易,节约了大量的成本。因此,林产品购买商的这种契约偏好,即选择能够最大限度节约其契约成本的交易过程,有利于其利润最大化的目标。

5.3.4.3 林业和工商部门与激励契约的引入

(1)林业部门

林业专业合作社与林业部门的之间的契约是正式和非正式契约共存状态。正式契约在林业专业合作社与林业部门产生费用和补贴时产生,如林业专业合作社进行林木采伐需要缴纳林业维简费、育林和更改基金,造林时的种苗补贴等等,这是正式契约关系的表现。这部分费用主要用于林业再生产的投入,不作为部门收入,因此,不作为林业部门的目标。

而非正式契约部分,则表明林业部门的任务和目标就是促进集体林的持续经营,而林业专业合作社在这方面相对于农户个体起到了很大的作用,无形中林业专业合作社与林业部门联结了这种非正式契约。但是该非正式契约的联结点或者动力是通过林产品的市场价格来传递的,当林产品市场风险发生时,林业专业合作社势必要减少林业生产的投入。因此,这种非正式契约本身不具有强制的约束力,契约关系缺乏稳定性和持久性,林业部门应当引入激励契约,如减免费用、提供补贴及服务等等。

(2)工商部门

工商部门与林业专业合作社之间的契约为正式契约,其主要表现为税收。同样,工商部门可以通过减免税收等措施与林业专业合作社形成激励契约。

5.3.4.4 融资部门与激励契约的引入

林业专业合作社的融资部门主要涉及到一些商业银行和政策性银行。他们与林业专业合作社的契约类型为正式契约,同时也是不完全契约,金融部门为林业专业合作社提供融资服务,从而获取本息收益。由于同时具有不完全契约的特征,融资部门对林业专业合作社的投资显得谨慎。因此,在风险防范的基础上,融资部门也可以通过低息、贴息、林权抵押贷款等手段与林业专业合作社形成激励契约。

5.5 林业专业合作社发展制度环境分析

以上从微观层面逐步对林业专业合作社(内部运行的社员农户和经营管理者,以及林业专业合作社其他利益相关者)进行了分析,这一节我们抛开相关微观主体,进一步放宽分析尺度,分析林业专业合作社这一家庭林业合作组织形式的发展环境问题。根据美国学者斯密斯(T.B. Smith,1973)在《政策执行过程》文中提出的"四因素理论",其中环境因素和理想政策是该理论的两大因素。这里稍作修正,把政策并入到环境因素里面。以经济环境和政策环境两个方面进行激励与障碍分析。

5.4.1 林业专业合作社发展的经济环境

5.4.1.1 林产品生产与交易特征

这里主要表现在林业专业合作社的市场环境上,包括其经营的林产品的交易特征等。林产品涉及的范畴广泛,与农产品相比,在上一章分析过的木材林产品由于其交易频率低、交易不确定性和资产专用性高等因素,难以补偿林业专业合作社较高的组织成本,从一定程度上制约了以木材林产品为交易对象的林业专业合作社的自我发展,至少在当前的实践中,传统原则基础上的木材林产品林业专业合作社还很少。

不同于木材林产品,其他林产品,如林果、林药、竹笋等,其基本特征就在于,在生产过程中具有很强的时效性和季节性、鲜活性难储运等特点,这使得这些林产品的交易具有鲜活性、生产上的区域性、季节性、分散性等特性。同时,林产品一般不全是生活必需品,其需求弹性大。林产品交易市场有着许多异于农产品的特性,如交易过程有很强的生产性,市场竞争程度较大;林产品交易半径受到限制,市场一体化程度不高;交易的风险较大,容易产生机会主义行为(Opportunistic behavior)。

5.4.1.2 林业市场经济环境

我国目前发展林业专业合作社的基本背景是集体林权制度改革的实施和市场经济的推进。集体林权制度主体改革的实行使农户获得了林地生产的经营权、让渡权和收益权,市场经济的推进则使得农户获得了按照市场经济规律走向市场化、商品化的更为深广的发展空间。随着这两大背景的深入推进,农户小生产与外部大市场,以及农户小规模经营与现代林业的矛盾日益显现了出来。自20世纪90年代以来,我国林业和农村经济发生了深刻变化,人们生活水平的提高促进了林产品的市场需求量,但我国森林资源总量依然不足,这是林业经济发展的资源约束。分散的农户越来越难以适应国内国际统一的市场竞争,因此"经营在户、服务在社"的林业专业合作社成为了农户合作形式的选择之一。

虽然我国的市场经济取得了很大发展,但同时也应注意到我国农村市场经济发展程度缓慢,林业生产要素市场还并不完善,诸如林地林木资产流转问题、林权融资问题等还很严重。申龙均和李中华(2006)指出,合作经济制度产生于西方工业文明的特定产权制度、管理制度和分配制度。现代意义的以劳动者为主体的合作社最早产生于市场经济制度的资本主义国家,是商品经济和市场经济的产物(孙亚范 2003)。因此,林业专业合作社要作为我国当前的林业市场经济和商品经济的自然产物还需要林业经济的深化改革。

5.4.2 林业专业合作社发展的政策环境

林业专业合作社的发展既受制于既定政策,又体现出了既定政策。近年来,从国家到地方陆续出台了相关政策文件鼓励林业专业合作社的发展,以提高农户林业生产的组织化程度,实现农户增收。这些政策主要表现在以下三个层次上。

5.4.2.1 中央政策

党的十六届五中全会把农民专业合作组织发展首次纳入到了我国国民经济和社会发展的五年规划,指出要"鼓励和引导农民发展各类专业合作经济组织,提高农业的组织化程度"。2003年中共中央3号文件提出,"积极发展农产品行业协会和农民专业合作组织,建立健全农业社会化服务体系"。2004-2010年连续7个中共中央一号文件均指明鼓励支持农民专业合作社的发展,并在信息、技术、培训、税费等方面对农民专业合作社予以扶持。2008年出台的《中共中央国务院关于全面推进集体林权制度改革的意见》中将扶持发展林业专业合作组织纳入加强林业社会化服务建设当中。2009年中央一号文件指出,加快农业标准化示范区建设,推动龙头企业、农民专业合作社、专业大户等率先实行标准化生产,支持建设绿色和有机农产品生产基地;2010年中央一号文件指出,扶持农民专业合作社及自办农产品加工企业。由此可见,我国林业专业合作社的发展有了强大的中央政策后盾和依据。

5.4.2.2 部门政策

随着集体林权制度改革的继续深化,以国家中央政策为导向,以《农民专业合作社法》(2007年正式开始实施)为依据的各项部门政策也陆续出台。其中最为重要的是2009年8月出台的《国家林业局关于推进林业专业合作社的指导意见》,提出了扶持林业专业合作社发展的原则性政策措施。同年,《林业产业振兴规划(2010-2012年)》也已颁布,明确提出"大力发展农民专业合作社等林业合作组织。国家支持农民林业专业合作社承担林业和山区经济发展建设项目"。2011年1月国家林业局出台了《关于组织开展创建农民林业专业合作社示范县活动的实施方案》,通过组织开展示范县创建活动,进一步探索扶持发展农民林业专业合作社的规律,提出在"十二五"期间,培育扶持发展200个示范县和2000个示范社。

部门之间也出台了一些关键的指导性政策,如2007年财政部关于印发《农民专业合作社财务会计制度(试行)》和2008年财政部国家税务总局《关于农民专业合作社有关税收政策的通知》。这些政策从总体引导到具体运行等方面都为林业专业合作社的发展提供了政策依据。

5.4.2.3 地方政策

以国家和部门的政策为基础,地方上也陆续出台了林业专业合作社发展的相关具体政策,并通过建立示范性林业专业合作社来加以引导、示范和带动。在中央、部门和地方出台的一系列促进政策下,全国已有林业专业合作社1.4万个,入社农户502万户,经营林地311.33万平方千米,已经占全国家庭林业合作组织总数6.4万个的21.88%(见表5-7)。而各个主要省份的林业专业合作社发展也已经具有一定数量规模和林地合作规模,见图5-8。

表5-7 全国林业专业合作社发展的数量规模

对比项	家庭林业合作组织	林业专业合作社	
		规模	比例(%)
组织数量(万)	6.4	1.4	21.88
农户会员(户)	1846	502	27.19
林地(万公顷)	2050	311.33	15.19

资料来源:《2010年林业经济运行状况报告》。

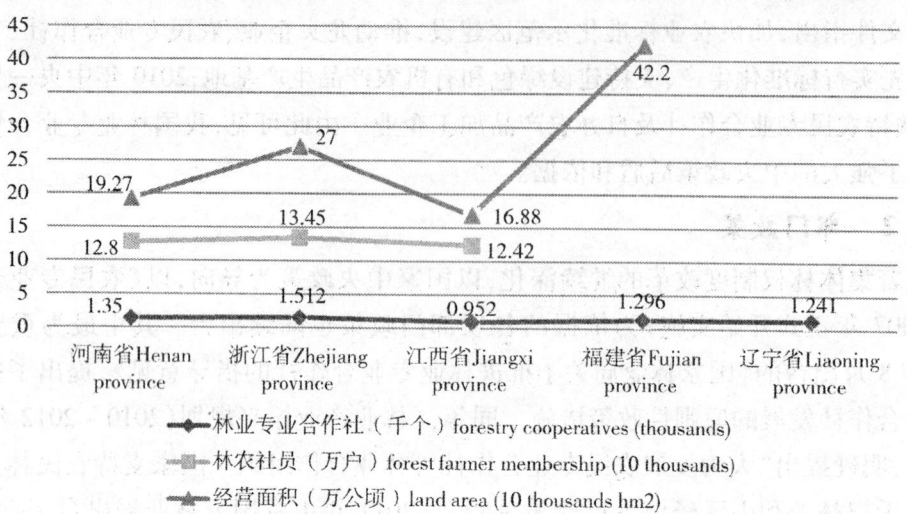

图 5-8 集体林权制度主体改革后五省林业专业合作社数量
资料来源：2009 年末至今相关文献出现的最新统计数据

随着这次集体林权制度改革的深入，根据以上从中央到地方的指导政策，对林业专业合作社的发展起到了巨大的推动和激励作用，但从中发现还缺乏具体的可操作的措施以及部门联合政策。根据利益相关者分析，林业专业合作社的发展不但是其内部社员农户和经营者的事，还关系到其他利益相关者或部门。

5.6 小结

本章通过内在运行机制、外部利益相关者和发展环境因素这三个逐渐放宽的（微观、中观和宏观）理论分析视角来评估林业专业合作社这一农户合作形式。研究认为，在实践中林业专业合作社当前的内部运行机制，虽然符合当前农村林业生产要素市场不完善的实际，并具有良好外部利益相关者和政策环境支持，但就我国当前较低的集体林经营水平下难以适应经营周期长的木材林产品生产，长期来看难以兼顾社会公平的组织目标，并且规模小、功能单一，农户的权益难以得到保障。

从内部运行机制上看，认为目前非对称的治理结构具有其现实的合理性，因为具有经营管理技能的人力资本和资金资本在农村林业市场上非常稀缺，因此，在治理结构、分配机制和决策机制上更倾向于林业专业合作社的经营管理者。但从长期来看，不利于社会公平这一组织目标的实现和农户权益的保障。在利益相关者方面，认为林业专业合作社的发展还需要不同类型和不同层次的利益相关者的参与，主要包括非社员农户、社区管理者、林业部门、工商部门、金融部门、林产品收购商，他们对林业专业合作社具有不同的态度、行为和需求偏好。在发展环境因素层面上，虽然从中央到地方都形成了良好的导向政策环境，但我国当前的林业市场经济下还难以自发产生林业专业合作社，尚需要林业经济的深化改革，以及现有政策实施比政策本身更加重要，因此，还需要进一步的具备实施性的政策。

第6章 林业专业协会制度评估分析

6.1 林业专业协会概述

本章依然利用以上制度评估分析框架,对当前实践中普遍存在的另一种形式的家庭林业合作组织——林业专业合作协会进行对比与研究。

林业专业协会通常在县或县级以下(乡镇和村)组建。主要由生产同一林产品的农户和相关的林业技术推广组织或单位等发起。系为应用营林先进技术和信息服务,提高林产品的品质、促进农户增收,而由与这一林产品或产业相关的农户自愿组织起来的非营利性社会团体的合作组织。

其发挥的功能通常具有以下几个方面——提供种苗肥药等营林生产资料服务:供应种苗、农药、化肥等生产资料,降低会员生产成本。技术推广服务:引进推广新品种、新技术,开展技术应用培训,为会员提高林业科技含量,促进林业技术推广事业发展。标准化生产服务:统一注册商标,统一制定、实施林业生产和林产品安全质量标准。承担销售中介重要角色:开展林产品市场价格信息交流,协助农户和其他市场主体联络。有的还统一了林产品包装。统一展示展销,促进林产品销售,实现农户增收。

由于本研究以农户家庭为主体的合作组织为研究对象,因此,这一章以地方乡(镇)和村级的林业专业协会为讨论对象,不涉及省市和国家级的林业类协会组织。

6.1.1 林业专业协会的组织属性

在实践当中,林业专业协会和林业专业合作社经常被混为一谈。不只是农户,一些基层干部也认为,协会和合作社其实是一回事,只是注册部门或单位不同,其他的没什么差异(杨青,2010)。除了登记部门不同外,其法人资格与设立依据也不一样,林业专业协会为社团法人资格,以《社会团体登记管理条例》为依据;林业专业合作社为经济实体,具有特殊企业法人资格,以《农民专业合作社法》为依据。林业专业协会和林业专业合作社之间的具体组织属性差异见表6-1。形成这一混淆现象的原因是多方面的,其中由于现代中国农村的发展是从解散人民公社、实行家庭联产承包责任制开始的,因此农民通常认为合作社这个词的含义是不好的(世界银行,2006),很多时候就是使用协会,因此有些时候协会就包括了具有营利功能的合作社。

表6-1 林业专业协会和林业专业合作社的组织属性差异

序号	属性	林业专业协会	林业专业合作社
1	法人资格	社团法人	特殊企业法人
2	依据	《社会团体登记管理条例》	《农民专业合作社法》
3	登记部门	民政部门	工商部门
4	宗旨	服务	营利
5	财产性质	公共财产无分配	社员共有的私有财产盈余分配

这种认识给会员带来的发展带来了很大阻碍,例如,根据世界银行(2006)的报告,四川五通桥区花卉和林木种植协会是在当地科委下注册的一个民间团体,它没有同绿化项目签订商业合同的法人资格。因此,2002年11月,成立了梧桐桥区花卉和林木有限责任公司,注册资金达30万元人民币。2003年,公司签订了超过2000万元人民币的绿化合同。五通桥公司的宣传材料称,花卉和林木种植协会拥有该公司。但是,令该协会不能签订商业合同的法律限制同样意味着协会不能合法地拥有该公司。公司由协会的理事长和两名副理事以及两名外部投资商创办,同该协会之间没有正式的法律或财务关系。因此,这种混淆属性的认识严重妨碍了家庭林业合作组织的进一步发展。

6.1.2 林业专业协会功能的发挥

(1)林业专业服务供应不足

专业协会是我国改革开放以来最早出现的专业服务组织,最初主要开展农业技术推广和技术服务。我国林权制度改革之后,森林漫长的生产周期和管护的困难催生了大量为管护服务的林业专业协会。林业专业协会是按照"民办、民管、民受益"的原则组建的,林业专业协会会员一般也缴纳一定的会费,协会自主经营,其宗旨也是为会员的林产品生产经营提供林业生产资料或产前、前中、产后的系列化服务(黄丽萍,2009)。

农民对于技术的获取其实是一个主动过程,是农民根据自己的生产、生活需要主动寻找技术并采用技术的过程(国鲁来,2003)。吕杰和冉陆荣(2008)针对辽宁省集体林权制度主体改革后的情况,研究了农户获取专业服务的途径和比例结构(如图6-2所示),结果发现农户获取的服务主要由乡镇林业站、局和林业合作社提供,共占到67%,其中由林业专业协会提供的技术服务比例最低,只占28%,说明当前林业专业协会还没有充分满足农户的服务需求。

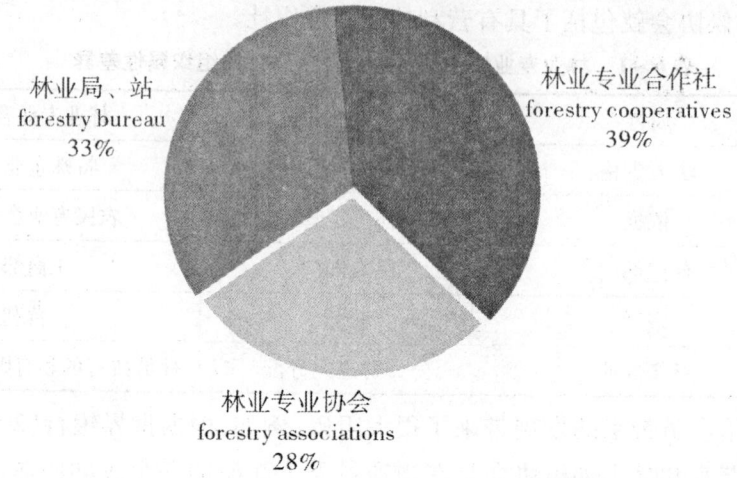

图 6-2 辽宁省集体林权制度主体改革后农户获取服务的来源及其结构
资料来源：吕杰，冉陆荣，2008

(2) 我国农户权益维护功能缺失

国外的私有林主协会大多成立于 20 世纪初。林主协会是由私有林主组成的非营利的会员制的民间组织，主要分为企业协会和小林场主协会。其中，小林主协会一般是由以家庭为经营单位的小林场主组成的，在国外也称为小林地所有者协会或家庭林场主协会（张德成等，2009）。这些小林主相关的协会虽然是民间组织，但作用非常大，主要发挥两大块功能，一是发挥经营和销售中介服务功能，例如，芬兰的 112 个森林经营协会，截至 2009 年 1 月，芬兰全国有 6.33 万林主加入了森林经营协会。森林经营协会帮助林主实施 80%~90% 的森林经营活动，并为林主制定木材销售计划（诸利明等，2010）。二是维护林主的权益，代表林主利益参与政府部门林业相关事务等一些职能。

而我国林业专业协会的功能在维护农户权益方面表现为缺失状态，更多地倾向于林业生产和林产品销售中介服务。

6.2 林业专业协会运行机制分析

6.2.1 成立机制

在林业生产过程中，具有外部效应的服务如果由私人或农户成立合作组织来提供，则会出现其他人搭便车、组织收益就小于成本、组织运转难以持续的问题。而如果完全让政府来提供，就很容易出现信息不对称、服务的供给与需求脱节的问题。于是，便出现了许多由政府牵头成立、农户积极参与的内外混合型成立机制的林业专业协会。这种林业专业协会是在政府与农户双向沟通中产生的，能够适应农户的内在实际需求，真正起到其作用。例如,福建省的吴家塘镇工业原料林基地协会、吴家塘镇森林防火协会、永安市安沙镇库区联防协会和二都村竹业协会。

6.2.2 组织目标:满足服务需求

林业专业合作社的组织目标是以获取专业服务(森林经营服务,林产品销售中介服务)为主,服务的针对性较强。它不同于林业专业合作社,虽然林业专业合作社也具有服务功能,但其组织目标是促进社会的公平,从市场上获得更多的经济利益,以增加农户社员的收益。

6.2.3 会员机制:规模与会费

6.2.3.1 会员规模

林业专业协会作为社会团体,根据《社会团体登记管理条例》(1998年)第十条的规定,成立林业专业协会应当具备下列条件:有50个以上的个人会员或者30个以上的单位会员;个人会员、单位会员混合组成的,会员总数不得少于50个;国家机关以外的组织可以作为单位会员加入社会团体。林业专业协会所有会员均有选举权、被选举权和表决权,并优先享受协会提供的服务。但是这个规定比较笼统,并没有突出林业专业协会的农户会员的主体地位。

6.2.3.2 会员的会费与社员的出资比较

作为林业专业协会的会员,需要缴纳一定会费,根据2003年民政部和财政部联合发布的《关于调整社会团体会费政策等有关问题的通知》,宣布政府有关部门不再核定统一的社团会费标准。社团可依据章程规定的业务范围、工作成本等因素,合理制定会费标准,并经会员代表大会讨论通过。通常各个会员缴纳一样的会费,但是会费往往比较低,因为会费过高参与林业专业协会的农户人数就会减少。这与林业专业合作社不一样,社员的出资额可以不同,而且是作为社员获取盈余分配的投资之一。

从契约的角度来看,林业专业协会会员所缴纳的会费在内部的流通是典型的商品契约,而林业专业合作社社员出资的内部流通则是要素契约。林业专业协会的会员农户缴纳一定的会费,林业专业协会为会员农户提供低成本的服务来提高会员农户森林经营效率。林业专业合作社的社员出资作为林业专业合作社生产投入的资金要素,对林业专业合作社的盈余产出起到了很大作用,以此使农户社员获得更多的盈余分配。当然,林业专业合作社内部也存在商品契约,并很少以商品契约为主的,因为合作社原则规定了出资回报有限。其商品契约表现在按照农户社员的林产品惠顾量进行盈余分配,因此,林业专业合作社是以商品契约为主、要素契约为辅的双重契约组织,而林业专业协会则是典型的商品契约的单契约组织。

6.2.4　产权安排：经营在户服务在会

林业专业协会的林权基础与林业专业合作社一样，农户会员之间不需要任何森林产权的结合，是"经营在户，服务在会"的产权基础。

林业专业协会的组织产权，即林业专业协会所有权归谁所有的问题。林业专业协会天然地为其会员共同所有。若把林业专业协会提供的服务视为剩余的话，那么会员与林业专业合作社一样，也共同享有剩余索取权和剩余控制权。与之不同的是，林业专业合作社的社员农户是因为与林业专业合作社之间发生惠顾而拥有林业专业合作社，及剩余索取权和控制权。Vitaliano（1983）指出，由于合作社的剩余索取权被限定在惠顾群体，并且是选择性权利，所以只有在成员保持与合作社惠顾时才会发生。

6.2.5　治理结构：最优治理规模

6.2.5.1　治理架构

林业专业协会一般的具体构架详见图6-3。

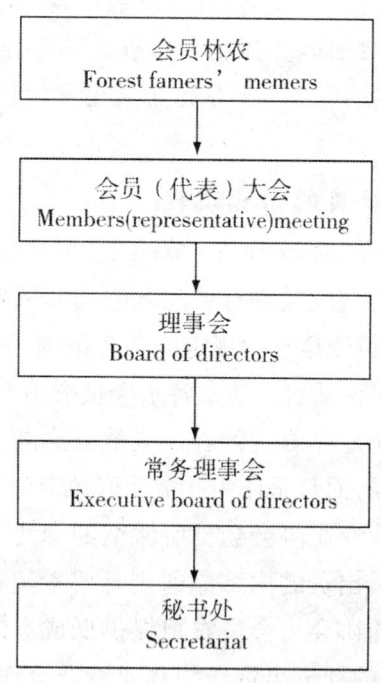

图6-3　林业专业协会的一般治理架构

由林业专业协会全体会员或会员代表组成的会员大会或会员代表大会是林业专业协会的最高权力机构。由于林业专业协会一般都拥有较多农户会员，因此，会员代表大会较为普遍。会员代表大会的职权是制定和修改章程，选举和罢免理事，审议理事会的工作报告和财务报告等。按照规定，会员代表大会须有2/3以上的代表出席方能召开，其决议须经与会代表一半以上表决通过方能生效。会员代表大会一般最短每届3年，最长不超过5年。

理事会由会员代表大会选举，是会员代表大会的执行机构，在会员代表大会闭会期间领导林业专业协会开展工作，对会员代表大会负责。理事会拥有选举和罢免正副会长和秘书长、制定内部管理制度等职权。

如果理事会人数较多，为了便于决策，林业专业协会一般还可以设常务理事会，在理事会闭会期间行使相关的职权。常务理事会是由理事会按照不超过理事人数1/3的比例选举产生的。一般情况下，理事会每年至少召开1次，常务理事会至少每半年召开1次。与会员代表大会相同的是，无论是理事会还是常务理事会，均须有2/3以上成员出席方能召开。而与会员代表大会不同的是，其决议须经到会成员2/3，而不是一半以上表决通过方能生效。

会长或者理事长是协会的主要领导人，负责召集和主持理事会或常务理事会，检查会员代表大会、理事会或常务理事会决议的落实情况，代表协会签署有关重要文件。林业专业协会的法定代表人一般为会长，特殊情况下可由副会长或秘书长担任。林业专业协会的法定代表人不能兼任其他团体的法定代表人。

林业专业协会的运转、各类会议的操办等日常事物的办事机构为秘书处，由秘书长负责。

6.2.5.2 最优治理规模与经费来源

秘书处作为林业专业协会的日常办事机构，协会的运转、各类会议的操办等均由协会秘书处组织实施，而这些事项都需要相应的经费。

这里假设林业专业协会的农户会费为k，林业专业协会的规模为n，供应的服务量为q单位。经费的多少关系着林业专业协会的服务量供给，而经费的主要来源是会员的会费，可以认为会员农户的会费与林业专业协会供给的服务量成正相关，如图6-4

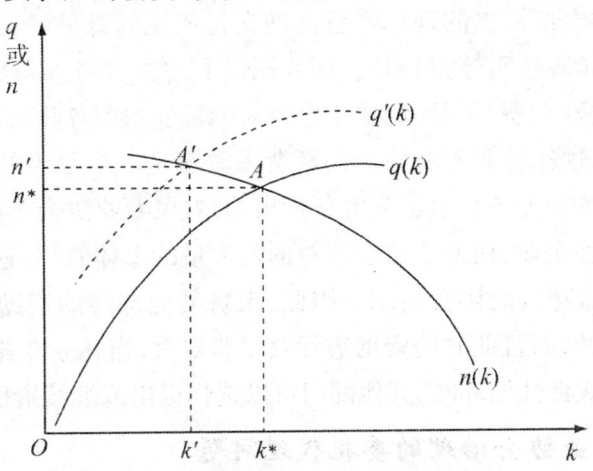

图6-4 林业专业协会最优治理规模与经费分析

的 $q(k)$ 曲线，当然不唯一决定于会费，但其相关程度非常大。但会费的高低又影响着农户参与林业专业协会的积极性或林业专业协会的规模，可以认为会员农户的会费与林业专业协会的规模呈负相关，如 $n(k)$ 曲线所示，那么两曲线的交点 A 对应的 k^* 和 n^* 分别为林业专业协会的最优会费和治理规模。

当 $k > k^*$ 时，即当会员农户的会费高于 k^* 时，虽然林业专业协会有了较多的运行经费，提供的服务量有所增加，但会员农户参与的积极性降低，很可能选择退出，其他非会员农户更不愿意参与，达不到林业专业协会最优治理规模的均衡。在这种情况下，如果考虑林业专业协会经费的另一来源，如政府资助。那么相对于其他领域的协会而言，林业专业协会经济实力非常弱，因此，许多地区，特别是经济发达区域，都对林业专业协会给予资助。通常是给予固定资助，例如，每年给予每个农林业专业协会补贴一定额度的资金。此时，林业专业协会的运行经费提高，林业专业协会提供的服务量也有所增加，$q(k)$ 曲线向左上方移动，如 $k'(k)$ 曲线所示，此时这部分资助的资金相当于补贴于农户的会费，使得农户参与的积极性大大提高，达到了新的最优治理规模均衡点 (k', n')。

当 $k < k^*$ 时，即会员农户的会费低于 k^* 时，虽然农户参与的积极性较高，但林业专业协会能供应的服务量有限，无法满足每个农户的服务需求。

当 $k = k^*$ 时，即会员农户的会费等于 k^* 时，此时单个会员农户的会费正合适，林业专业协会能供应的服务量正好满足单个会员农户的服务需求。

当 $k = 0$ 时，即会员农户不用缴纳会费，此时林业专业协会无法供应任何服务，这时所有的农户可以被认为都是会员，且只是自己的会员，即不存在任何合作，林业专业协会此时有名无实。

通过以上分析可以发现，林业专业协会治理过程中遇到的最大问题往往在于日常治理运作的经费，其中会费是林业专业协会经费的主要组成部分。例如，芬兰森林经营协会完全由林主进行管理和筹集经费。作为协会的会员，林主要缴纳一定数额的会员费，并对森林经营协会所提供的森林经营活动支付相应的森林经营费。森林经营费约占协会收入的 15%（诸利明等，2010）。而我国的农户大部分经济实力都比较弱，农户通常不愿意参与收费（会费）的活动，更不愿意参与额外的服务收费了，如协会提供的森林经营规划等服务，这样林业专业协会的经费来源就是一个很大的问题了。正如应若平等人（2005）关于农民专业协会的研究所指出的，农民专业协会不同于行业协会，行业协会面对的是营利性企业，而专业协会面对的是大量的个体农户，这就决定了农民专业协会是个花钱却很难赚钱的协会组织。因此，来自其他部门的资助或捐赠在当前短期的实践来说是必须的，而且此时的资助边际效用非常大，当林业专业协会的运行和会员农户的森林经营形成良性循环时，其他部门可以选择退出或继续资助。

6.2.5.3 林业专业协会治理的委托代理问题

同样，林业专业协会的治理也存在委托代理问题，其委托代理问题的产生与林业专业合作社相类似，与之不同的是，林业专业不存在双重委托代理问题。以农户为主体的会员是委托人，系信息劣势方；林业专业协会的管理层是代理人，系信息优势方，为农户提供森林经营等服务，这是一种签约后的信息不对称问题，委托代理理论称之为道德风险(moral hazard)。因为在这种情况下，林业专业协会经营者可能会利用优势优先满足自己对协会服务的需求，以补偿自己为协会所做的努力。因此，林业专业协会的有效激励机制应该是使协会经营管理者获得的服务量必须不低于他作为普通会员时获得的服务量，或者在公平分配服务量的情况下给予经营管理者另外的收益激励，如工资、福利等等。

6.2.6 分配机制：道德风险下的服务量分配

大多数农户协会主要是对农户开展技术培训、组织信息交流，还提供如上所述的采伐管理、森林防火防盗、病虫害防治等方面的指导和服务。这类组织一般自身经济实力较弱，也没有什么经济实体，他们的活动经费主要依靠当地政府或其职能部门或某个龙头企业的有限资助，以及向农户收取会费。入会农户只要缴纳少量会费和遵守章程就可享受协会提供的服务。这类组织没有什么经营利润，对农户既无太多要求，也无太多责任，也就不存在分红或分利的问题了。

但是如果将林业专业协会提供的服务视为一种利益，那么它就存在分配问题了。这里假设林业专业协会的会员规模为 n，协会提供 q 单位服务，那么，会员人均获得 q/n 单位服务，林业专业协会经营者和普通会员农户获得的服务量分别为 q_j 和 q_i，这个时候就存在以下两种情况：

如果不存在上述的道德风险，那么，$q_j = q_i = q/n$，林业专业协会经营管理者和普通会员农户获得的服务量相等，且等于协会提供的人均服务量。一般这种情况在实践中是很难做到的，这需要具有无私奉献品质的经营者。

如果发生了道德风险，那么，$q_j > q/n$，$q_i < q/n$，即林业专业协会经营管理者分配的服务量大于协会提供的人均服务量，而普通会员农户获得的服务量则小于林业专业协会提供的人均服务量。这种情况就是上述林业专业协会委托代理问题的结果。

6.2.7 决策机制：决策的制度性软约束

6.2.7.1 决策层的产生

从林业专业协会治理架构中容易看出理事会是协会的基本决策机构，如果林业专业协会的规模比较大，常务理事会就是协会更进一层的决策机构。

在林业专业协会构建过程中，每个协会章程都注明协会理事会是由会员代表大会选举产生，常务理事会、正副会长由理事会选举产生。在实践过程中并非林业专业协会章程所言，潘劲(2005)的研究指出，这就是协会所具有的中国特色的民主方式。

在林业专业协会决策层的产生或构建过程中,发挥重要作用的并非会员代表大会,而是林业专业协会的筹备人员或筹备委员会。林业专业协会筹备人员通常是由协会的业务主管部门(这里通常指林业部门)相关人员组成的。根据民政部门关于社团的登记程序,在林业专业协会登记前需提交拟任负责人的简历、身份证复印件等。因为林业专业协会的成立大会与首届会员代表大会通常都是同期召开,这就要求林业专业协会成立前,即会员代表大会召开前就要明确协会不同决策层的候选人名单。这也是林业专业协会筹备人员的关键工作。

筹备人员提出的决策层候选人最终要通过会员代表大会的投票,以使决策层的产生合法化,但这通常只是一种程序。虽然会员可以在选票上剔除和添加自己不赞同与赞同的候选人,可是候选人名单是等额确定的,新加的候选人的当选概率非常渺茫,甚至不可能。

林业专业协会筹备人员初定的决策层候选人员通常是在筹备人员集体协商、并征求部分会员意见基础上确定的,即会员代表大会程序上的投票通过是会议召开前筹备人员所做大量协调工作的结果。其间肯定存在意见不一致的情况,但是经过筹备人员的协调和协商,不一致的意见在会员代表大会召开前已经化解,最后形成的意见一致,会员大会选举顺利地得到预期结果。以后决策层的产生对首届决策层的产生方式形成了路径依赖,只是由林业专业协会的秘书处取代了筹备人员。

6.2.7.2 协会章程对决策过程的制度性软约束

舒尔茨(Theodore W. Schultz,1968)认为制度是一种行为规则。制度性约束则是指规则的限制性作用。诺斯(Douglas C. North,1981)认为制度本身就是一种约束,是人们所创造的用以规范人们相互交往行为的框架,它应该对发生作用的对象具有强制力。可是在现实生活中往往会出现这样一种现象,即制度或规则对发生作用的对象约束力较弱,甚至不具有约束力。潘劲(2005)将这种不具有约束力的制度称作"制度性软约束"。

从林业专业协会构建的过程可以看出,其决策机制与林业专业合作社当前的实践类似,同样存在非对称的决策机制,这里不再做重复分析。这里对家庭林业合作组织普遍存在的一个现象进行讨论,尤其是内部运行中缺乏监督层的林业专业协会,导致林业专业协会章程的约束力非常弱,甚至不具约束力。

协会的章程是协会用来界定和引导其内部结构与管理的规则,它主要是描述协会如何组建以及如何运作的(Jerald A. Jacobs,1986)。协会章程是林业专业协会运行赖以遵循的规则,是协会开展治理的组织依据,它本应对协会和会员具有高度的约束力。然而事实并非如此,主要有以下几个方面原因。

多数林业专业协会将章程视为获得有关部门承认的一种程序,而不是协会治理规则。由于林业专业协会登记要求出示章程,协会筹备人员就按照民政部的《社会团体章程示范文本》拟定章程,而且章程基本上都是按照"示范文本"写成的,除了业务范围可能有些不同外,其他内容都大同小异。

林业专业协会及其规章未能得到会员的广泛认可。林业专业协会的治理权限来自于政府赋权和会员赋权。会员授权是指林业专业协会依据会员广泛认可的行业规章实施行业治理。会员广泛认可的行业规章并不单指经会员代表大会或某一层级决策机构的表决通过,而是要经过会员充分的讨论和协商,最后形成会员承诺一致遵循并辅之以可操作性配套措施的行业规章。但是,许多林业专业协会并未得到会员的这种赋权。

林业专业协会缺乏可操作性的监管与处罚机制。多数林业专业协会都未设有可操作性的监管处罚机制,形成了决策或执行过程中随意违规也没有处罚的乱象。

6.3 林业专业协会利益相关者理论分析

利益相关者理论不但可以用来分析营利性企业性质的发展和依存问题,也可以用来研究非营利性组织发展的参与主体与关系,从中发现其发展的可能激励或障碍。由于林业专业协会与林业专业合作社的属性不同,其利益相关者的构成及其关系相对简单,这一节将对其利益相关者的界定划分及其目标等关系进行统一分析。

根据上一章提及的利益相关者理论关于利益相关者定义,将林业专业协会的利益相关者界定为内部运行主体(农户会员和协会经营管理者)、社区(非会员农户和社区管理者)、政府部门(林业部门和民政部门),它们之间的关系如图6-5所示。

图6-5 林业专业协会的利益相关者界定与关系

与林业专业合作社相比,林业专业协会的利益相关者显得更加简单,这主要是由他们之间的属性决定的。由于林业专业协会没有林产品生产加工的资格,因此,不直接存在与林产品收购商或消费者之间的关系。民政部门,而不是工商部门,系林业专业协会的登记管理部门。农户会员和经营管理层与林业专业协会之间不存在林产品的交易或惠顾关系,只有林产品生产经营的服务需求和供应关系。林业部门不但为协会提供服务,而且还是林业专业协会的业务主管部门。融资部门与林业专业协会无直接融资关系,但可能与其农户会员有业务关系。林业专业协会与林业专业合作社这方面的差异可以归纳为表6-2。

表6-2 林业专业协会与林业专业合作社之间的利益相关者差异

序号	利益相关者	林业专业合作社	林业专业协会
1	成员	惠顾	会费
2	社区管理层	资助或服务	资助或服务
3	林产品购买商	交易	——
4	工商部门	登记	——
5	民政部门	无业务	登记
6	林业部门	服务	业务主管、服务
7	融资部门	借贷	——

注:"——"表示无业务

会员农户作为林业专业协会的内部运行主体无疑是其最为关键的利益相关者,同时具备米切尔(Mitchell,1997)关于利益相关者定义的三个条件:影响力,作为林业专业协会的会员农户通过民主决策、投票权等相应手段影响林业专业合作社的决策;合法性,会员农户通过缴纳会费合法共同享有林业专业协会的所有权;紧迫性,会员农户的服务需求能立即或直接引起林业专业协会管理层的注意。他们与林业专业协会之间不存在林产品的交易或惠顾关系,只有林产品生产经营的服务需求和供应关系。

社区的管理者,是指林业专业协会所在的当地农村社区的决策者,往往代表着当地农村社区及其集体经济。他们通常又是社区精英,掌握着当地农村社区的更为优势的社会资本,能够影响林业专业协会的发展。同时,他们可能也是林业专业协会的成员,甚至是林业专业协会的部分管理者。他们对当地的林业专业协会提供支持服务或者资助,如一些硬件设施的提供等,林业专业协会则为社区的发展提供机遇。

林业专业协会的经营管理者,例如林业专业协会的理事、会长等,他们是会员农户的代理人,同时也是社员,亦是林业专业协会的关键利益相关者。他们的努力程度、知识和管理技能能直接影响到林业专业协会服务的供应。反之,林业专业协会的运行良好与否也会影响他们所获得的服务是否满足其需求。

民政部门,而不是工商部门,作为林业专业协会的登记管理部门,是林业专业协会取得合法地位的法定途径。根据《社会团体登记管理条例》第二十七条的规定,登记管理机关履行下列监督管理职责:负责社会团体的成立、变更、注销的登记或者备案;对社会团体实施年度检查;对社会团体违反本条例的问题进行监督检查,对社会团体违反本条例的行为给予行政处罚。

林业部门除了作为林业专业协会的服务供应者外,重点是业务主管部门。根据《社会团体登记管理条例》第二十八条的规定,业务主管单位履行下列监督管理职责:负责社会团体筹备申请、成立登记、变更登记、注销登记前的审查;监督、指导社会团体遵守宪法、法律、法规和国家政策,依据其章程开展活动;负责社会团体年度检查的初审;协助登记管理机关和其他有关部门查处社会团体的违法行为;会同有关机关指导社会团体的清算事宜。这也是与林业专业合作社的差异,这时容易导致林业专业协会的异化或行政化,事实上一些行业协会的这类问题已经非常明显了。

6.4 林业专业协会发展制度环境分析

6.4.1 林业专业协会的经济环境分析

诚如第四章的分析,各类林产品的经营都可选择林业专业协会的形式进行合作,其农户会员的林产品的市场交易特征在上一章已经进行了分析,这里着重分析一下林业市场经济环境。

由于林业专业协会的特殊属性,虽然在林产品市场不存在直接的交易行为,但其发展却容易受到林产品市场经济环境的影响。根据诸利明等人(2010)在瑞典的访问与研究,结果发现在20世纪20年代,瑞典虽然成立了第一个林主协会,成立协会的最初目的是为了更好地利用林道等基础设施,并通过协会获得参观学习和交流的机会,以改善森林的经营效率和治理。但由于在30年代初期,全球陷入经济萧条,整个市场经济的动荡波及林业经济市场,林主们在木材市场上遇到了不少困难,因此,逐渐把林主协会变成经济实体组织,经营销售会员们的木材。

就我国而言,还不存在类似的林业市场宏观经济环境的大动荡,加之林业专业协会的组织成本相对低廉,因此,集体林权制度主体改革后,林业专业协会的存在与发展就目前而言具有一定的合理性和稳定性。但长期而言,随着我国市场经济的进一步开放,林业市场经济环境竞争将越加激烈,林业专业协会及其会员农户也将备受竞争的压力。

6.4.2 林业专业协会的政策环境分析

6.4.2.1 林业专业协会现有激励政策分析

我国2008年出台的《中共中央国务院关于全面推进集体林权制度改革的意见》中将扶持发展林业专业合作组织,发展林业专业协会纳入到了加强林业社会化服务建设当中。2009年,《林业产业振兴规划(2010－2012年)》颁布,明确提出"鼓励发展各类林业专业协会,引导和规范各类林业中介组织健康发展"。在地方上,如《湖南省农村专业经济协会促进办法》已于 2007 年 6 月 1 日起施行;《四川省林业厅关于加快农民林业专业合作经济组织建设的实施意见》当中就分别有林业专业合作社和林业专业协会来进行引导的表述。

虽然中央地方的政策都涉及到林业专业协会的鼓励政策,也说明林业专业协会具有其优势和活力,但很多政策将林业专业协会笼统有纳入家庭林业合作组织发展,没有体现出林业专业协会的特殊属性。尽管它适用于社会团体的相关法律,但也没有突出农业林业方面的专业协会以及农户在林业专业协会上的主体地位。

6.4.2.2 合作社法对林业专业协会发展的影响

《农民专业合作社法》的实施,将会对我国农民合作组织的发展格局形成深远的影响,是当前林业专业协会发展所面临的最严峻挑战。这种挑战,最主要的是引起政策、制度等外部环境的变化。

(1)各级部门对林业专业协会的重视程度将可能减弱

长期以来,农村各类的专业协会作为主要合作组织的形式之一得到了各级部门的重视和支持。合作社法颁布后,由于宣传重点的倾向,容易导致给一些地方部门和领导造成认识上的偏差,在家庭林业合作组织发展取向上可能会引起混乱。自集体林权制度主体改革以来,目前只有《国家林业局关于推进林业专业合作社的指导意见》,容易形成当前一味追求建立林业专业合作社的局面。

(2)林业专业协会扶持措施更加有限

合作社法还从法律上明确规定了对依该法登记的合作社法人的一系列政策扶持,如林业建设项目委托、专项资金支持、税收优惠等,从而使得林业专业合作社与林业专业协会之间在优惠政策上的差距进一步拉大。

(3)部门支持的积极性从一定程度上被削弱

由于林业专业协会属于社团性质的家庭林业合作组织,没有能够纳入国家法律层面的扶持,对于一直以来关注、支持这类组织发展的一些部门而言积极性受到了打击。

(4)协会类的合作组织吸引力、凝聚力将减弱

因为林业专业合作社法宣传的广泛开展,建立林业专业合作社很容易得到政府的扶持。认为合作社允许盈余返还,农户入社后经济效益要优于林业专业协会。受利益、实惠驱动,合作社形式将对地方和农户更有吸引力,农村的专业协会将受到冷落,对农户的吸引力与凝聚力会下降。

由于上述影响,合作社法实施后,林业专业协会的发展环境也将面临挑战。根据2007 年 3 月 22-24 日民政部民间组织管理局在海口市举办的"农民专业合作经济组织在社会主义新农村建设中的地位和作用研讨会"中的估计,在优惠政策的牵动下,预见目前的农村专业经济协会将有 80% 向合作社方向发展,根据地方民政部门反映,在合作社法颁布后,有很多农村的专业协会已经提出转向合作社登记,其中浙江省村级的各类

专业协会比2004年减少了60个,乡镇级的各类专业协会减少了40个。

6.4.2.3 新环境下林业专业协会发展空间分析

虽然林业专业协会面临严峻的形势,但无论是从我国农村森林经营现实环境还是从农村林业经济发展的需要,林业专业协会依然有其发展空间和独特优势。

(1) 林业专业合作社难以代替林业专业协会

它们的属性不同,重点功能也不一样。林业专业合作社首要发挥的还是其经济功能,不要指望林业专业合作社解决农村林业经济和农村社会发展中的所有问题。合作社法本身存在诸多缺陷,如对于解决贷款难、融资难等问题缺乏创新性突破,配套政策制度还不健全,完善制度还需要很长时间。目前,许多农户对于林业专业合作社持观望态度。根据国家林业局的信息,目前我国林业专业合作社入社农户仅占获得林权证总户数的9%。一方面,按照合作社规则,盈余60%以上返还,影响合作社的资本积累,而完全一人一票,操作性、经营效率和效果都受到影响,可能出现的亏损、破产也是农户必须要面对的风险;另一方面,受历史政策因素影响,多数农民不愿意资产入股,担心像过去的人民公社、乡镇企业。因此,林业专业协会和合作社不矛盾,合作社并不能替代协会,合作社的发展不会挤压协会的空间。

(2) 林业专业协会可以扬长避短

集体林权制度主体改革后,集体林经营的主要特点是家庭经营,然而我国林业社会化服务体系缺乏、服务供应不足,这是林业专业协会存在与发展的根本理由。在现实条件下,林业专业协会还显现出了比较的优势,如社团性质的林业专业协会不以营利为目的,侧重互助、服务,对入会农户没有财产要求,服务多,限制少,但可以组织成员开展经营活动,促进他们的经营效率和收入增加。对于当前我国的大部分普通农户来说,在资金缺乏的情况下,相对于资本联合、风险共担,且组织成本高的林业专业合作社,更倾向于选择协会,获取技术、信息服务,零风险加入,零成本退出。因此,林业专业协会应更加注重于服务质量的提升。

6.5 小结

本章通过林业专业协会的内部运行主体、外部利益相关者和发展环境因素这三个不同尺度的理论分析和案例分析,来研究作为家庭林业合作组织形式之一的林业专业协会。笔者认为由于林业专业协会的属性差异,虽具有一定的组织成本优势、服务的针对性强和现实的适应性,但其发展的内在因素和外部环境却不容乐观。

首先,在内在运行机制层面上,认为虽然零会费的治理结构在协会发展初期能够大大提高农户参与协会的积极性,但林业专业协会的运行缺乏有力可行的监督机制,极易影响林业专业协会的内在稳定性。其次,在外部利益相关者层面上,结果显示林业专业协会涉及的利益相关者相对于林业专业合作社较少,这也是其非营利性的组织属性决定的,但这又陷入了资金自我供给困难而又高度依赖外部性的困境。最后,在发展环境因素方面,认为林业专业协会就我国当前林业市场经济环境而言具有一定的合理性和稳定性。但从长远来看,随着我国市场经济的进一步开放,林业市场经济环境竞争将越加激烈,作为非营利性的林业专业协会将备受竞争的压力。加之现有关于家庭林业合作组织的政策更多地倾向于林业专业合作社,林业专业协会的发展空间将更加严峻。

总体而言,林业专业协会在当前的实践中虽具有一定适应性,但从长远来看由于其非盈利性质,难以实现资金的自我供给,从而影响到服务的供应,对外部依赖性加强,且功能单一,面对将来外部环境可能的变化,难以维护农户应有的权益。

第7章 家庭股份合作林场制度评估分析

7.1 家庭股份合作林场概述

7.1.1 股份制、合作制与股份合作制

在现代企业组织形式中,最常见的是股份制,此外还有其他组织形式,如合作制就是产业革命以后伴随着股份制的迅速发展而产生的。最早出现于法国、英国等欧洲国家,是劳动者自愿联合、以自我服务为主要目标的经济组织,其中以合作社为其典型代表。股份合作制也是其中的一种。在发达国家,一些大型企业或企业集团主要实行股份制,而一些中小工商企业及大型农场多采用股份合作制。由于资产规模以及生产经营的特点和领域不同,各种企业制度都有其不同的适应性,尽管股份制是现代企业制度的主要形式,但并不是唯一的形式(任定方,2000)。

作为企业的组织形式,它们具有共同之处。第一,都是商品经济发展的产物。由于市场竞争日益激烈,为了扩大生产经营规模、提高市场占有率和竞争力,合作制企业与股份制企业都通过入股的形式集聚资本,从而导致资本的集中化和生产的社会化,大大促进了生产力的发展。第二,都是联合经济的组织形式。合作制与股份制在企业资产组织形式上的共同特点是,通过股份的形式把分散的生产要素集中起来,把单个资本联合成统一的资本,奠定了现代企业组织形式的基础。第三,都体现了商品经济的原则。首先,在企业组建时都体现了自愿的原则。无论是合作制征集社员,还是股份制募股,参加者都是出于自愿,而不能强迫。其次,合作制实行一人一票,股份制实行一股一票,都体现了平等的原则。最后,股份制企业的经营及合作制企业对非社员进行的交易,都要遵守等价交换的原则。第四,都实现了管理职能的专门化。合作制与股份制都实行代表大会制,有经营管理阶层,从而使所有权与经营权发生分离,实现了管理职能的专门化,健全了企业内部机制,提高了管理活动的效率。

但是作为企业的不同组织形式,它们之间存在以下差异,详见表7-1。从表中可以看出,最明显的差异在于合作的对象不同,股份制是资本的合作,合作制是劳力的合作,股份合作制是劳力与资本的合作。组织目标虽然都追求利润或盈余,但合作制还要满

足成员的服务需求。在分配方式上,股份合作制主要以股份分配为主,股份制则完全以股份分配,合作制则以惠顾分配为主。所谓惠顾分配是指以社员与合作社的交易量(额)来分配合作社的盈余给社员。在股权性质上,只有股份制企业的股份可以流通或转让,其他形式的则不允许。在决策形式方面,股份制天然地一股一票,在大股东之上,合作制则是一人一票,股份合作制以一人一票为主,适当考虑按股投票,但权重则有限。

表7-1 股份制、合作制与股份合作制组织形式的差异

序号	对比项	股份制	合作制	股份合作制
1	合作对象	资本	劳力	劳力和资本
2	组织目标	利润最大化	服务、盈余	利润最大化
3	分配方式	以股分配	以惠顾分配为主	以股分配为主
4	股权性质	可流通	不可流通	不能流通
5	决策方式	一股一票	一人一票	一人一票为主

7.1.2 家庭股份合作林场概述

7.1.2.1 家庭股份合作林场的产生

由于集体林权制度主体改革后,大部分农村以家庭承包责任制为基础进行了"分山、分林"。以家庭为基础的小规模林业生产模式在林业生产要素市场还不完善和林产品市场竞争的压力下,农户有了合作的需求。

首先,是造林与经营过程的合作需求。林地细碎化使得单户造林的成本提高,造林后的森林抚育、防火、基础设施建设等工作难以实现统一规划。其次,是进入林产品市场的合作需求。在当前比较复杂的木材林产品市场交易制度环境下,单个农户进入市场势单力薄,交易成本较大。因此,几个有积极从事林业生产要求的农户家庭或者林地相连的几个家庭则容易选择以林地、林木、劳力和资金等林业生产要素的合作,组建家庭股份合作林场这一共同经营组织。

从产生的过程来看,其参与的家庭户数少,主要限制在具有共同兴趣和共同利益,通常都是本村组的关系较好的部分家庭或农户,林场总体规模大,户均林场面积大。

因此,家庭股份合作林场就是集体林权制度主体改革后,具有共同经营利益目标的,林地邻近的或者关系较好的几个家庭或农户,将所分到的林地林木资源,以家庭为单位自愿进行折价入股,并筹集自有股金作为家庭合作林场启动和运行资金而组成的家庭式林业共同经营实体。也有学者称之为股份化经营的家庭合作林场。它是"分山"前提下的股份合作,区别于"分股不分山、分利不分林"的集体化经营的或社区经营的股份合作。这种自愿联合经营的农户之间的关系特征相似于我国台湾地区的农业产销班的农民之间的关系特征。根据台湾地区2001年12月31日颁布的《农业产销组织辅导

办法》的定义:农业产销班是指土地相连或者相邻的农民或者生产同类禽、畜、水产动植物或者提供休闲农业体验服务的相邻近农民,自愿结合共同从事农业经营者所组成的共同经营组织。

7.1.2.1 家庭股份合作林场的股份解析

上一节分析了现代企业组织形式当中的股份制,其股份是指以资金投入的比例为主,其价值以股票的形式来表现,并且能在股票市场上进行流通或者转让。而家庭股份合作林场中的股份并非现代股票市场意义上的股份,家庭股份合作林场中的股份从一定程度上是借用了现代企业的"股份"的理念来进行林业生产要素的投融资。因此,家庭股份合作林场的股份不全部是指资金的合作,还涉及林地、林木和劳力等不同要素的合作,并且将这些要素也通过一定的标准进行价值评估,按其所占比例份额(股份)进行合作剩余分配,但这个份额不能流通转让。因此,可以说家庭股份合作林场的股份不是真正意义上的股份,而是概念意义上的股份,这个股份不仅包括资金,还涉及到劳力,它在具有合作(合伙)制的特征的同时,还具有股份制的特点,只是限定在一定数量的家庭上,因此,也有学者称之为股份化经营的家庭合作林场。据此,我们就可以与一些大型的林业股份公司或企业区别开来。

7.2 家庭股份合作林场运行机制分析

7.2.1 成立机制:内在需求外部供给

从家庭股份合作林场的产生背景可以发现,在当前林业要素和木材林产品市场还不完善的情况下,林地的细分很大程度上促进了真正想从事林业生产的农户的合作需求。然而,农户自身能力有限,有可能造成合作成本过高而得不偿失。同时,促进农户合作经营则是集体林权制度深化改革的重要内容之一,也是林业部门的目标之一。因此,在农户内在的自身需求基础上,由政府部门提供家庭股份合作林场的构建指导正好可以满足农户和林业部门的双方需求。因此,家庭股份合作林场通常是典型的"内在需求——外部供给"的成立机制。

7.2.2 组织目标:提高经营效率与收入

在集体林权制度主体改革后,农户获得了原集体经营的林地林木资源,大大提高了农户的营林积极性,尤其是具有一定林业生产资料的大户农户,他们的营林兴趣远远高于其他小规模农户。在兴趣和积极性高涨的同时,却面临着如何提高经营效率和减少经营成本的问题,就目前农村的营林技术水平来讲,家庭个体经营方式还难以达到效率的提高。家庭股份合作林场的形成就是通过共同规划造林、抚育、防护、采伐或加工、运输等等,扩大规模、实现成本分摊,从中降低各环节成本,提高竞争力,最终增加每个农户的收入。

7.2.3 成员机制:不完全开放的成员机制与协调成本

7.2.3.1 不完全开放的成员机制

根据家庭股份合作林场的产生与成立机制,其成员都是自愿加入林场,成为林场的股东之一,也可以自由退出林场,解除股东的身份。当然,在林场经营效益较好的情况下没有自动提出退出林场的股东,这时采取的是开放式的成员机制。

在通常情况下,家庭股份合作林场一旦成立,其股东组成一般都是固定或者封闭的,只有需要进一步扩大规模或者业务需求时才会吸纳新成员、新股东,并且对新成员的要求较高。例如,要求其须是拥有较优的林业生产要素或者比较稀缺林业生产要素的农户大户等。在一般情况下,要成为家庭股份合作林场的成员(股东)可以自愿提出,经过现有股东大会同意后签订入股协议,方能成为家庭股份合作林场的股东。因此,总体来看家庭股份林场的成员机制是不完全开放式的,而并不是完全进退自由的开放式的成员机制。

7.2.3.2 家庭股份合作林场股东规模的协调成本理论分析

下面我们通过引入组织的协调成本概念来简单分析和理解家庭股份合作林场的半开放成员机制的现实。贝克和墨菲(Gray S. Becker,Kevin M. Murphy,1992)认为,专业化程度的提高和分工的细化使得很有必要协调生产过程中的不同工种,从而产生了协调成本。协调成本随着组织人数的增加而提高,它也与协调方式、区域、产业等因素相关。

这里假设在协调方式、区域文化、企业组织制度、政策环境等因素不变的情况下,家庭股份合作林场的规模决定了协调成本的大小,协调成本函数表示为:

$$C = C(n) \tag{7.1}$$

式中,n 为家庭股份合作林场的股东规模,且 $\partial C/\partial n > 0$,表示家庭股份合作林场的协调成本随着股东规模的增加而上升。

家庭股份合作林场的产出用 Q 表示,它与林场投入的资金 K、劳力 L 以及林地林木资源 F 相关,其函数可以表示为:

$$Q = Q(K,L,F) \tag{7.2}$$

由于这些林业生产要素的投入都是随着家庭股份合作林场新成员或股东的加入(股东规模的扩大)而增加的,因此,实际上家庭股份合作林场的产出与其股东规模相关,(7.2)式也可以表示为:

$$Q = Q(n) \tag{7.3}$$

同样,式中 n 为家庭股份合作林场的股东规模,且 $\partial Q/\partial n > 0$,表示家庭股份合作林场与股东规模曾正相关。

假设在其他成本不变的情况下,根据(7.1)和(7.3)两式,家庭股份合作林场的利润 R 可以表示为(7.4)式:

$$R = Q(n) - C(n) \quad (7.4)$$

此时,家庭股份合作林场追求利润最大化,即:

$$\underset{n}{Max}[Q(n) - C(n)] \quad (7.5)$$

根据(7.1)和(7.3)两式分别画出它们相应的曲线,如下图 7-1。

通过下图 7-1 求解(7.5)式的最优解 n^*,可以看出(7.5)式的最大化是在 $Q(n)$ 曲线与 $C(n)$ 曲线之间垂直距离最大化的时候。此时家庭股份合作林场的股东规模最合适,也恰是林场利润最大(R^*)之时。

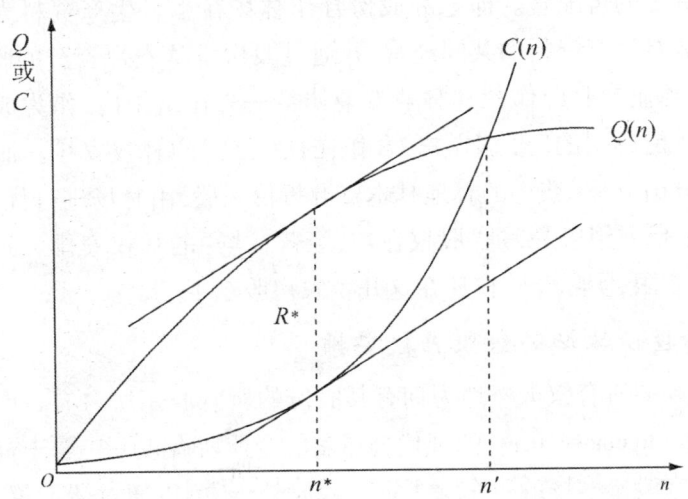

图 7-1 家庭股份合作林场股东规模的协调成本分析

当 $0 < n < n^*$ 时,这时是家庭股份合作林场组建和发展期间,这时候具有共同利益目标或者兴趣的部分家庭可自由自愿地合作。而且这时的股东规模非常小,个人利益冲突不明显,很容易开展共同决策等组织活动,协调成本非常低。只要还没达到最优规模 n^*,家庭股份合作林场就都有可能继续吸纳新成员成为他们的新股东,这时的经营状况和发展势头良好,正常情况下不会出现主动退出的股东。

当 $n = n^*$ 时,家庭股份合作林场的利润最大,股东规模正合适,一般现有股东也不愿主动退出,通常情况下也难以接收新成员。

当 $n^* < n < n'$ 时,虽然家庭股份合作林场依然有利可图,但随着股东规模的扩大,股东个人之间的利益存在冲突,随之而来的就是协调成本的大大提高,同时每个新股东带来的边际效益减少,家庭股份合作林场的现有成员也会感到来自新成员对自己利益的威胁。因此,这种情况下家庭股份合作林场通常不愿意吸纳新成员。

当 $n \geq n'$ 时,家庭股份合作林场无利可图甚至亏损,这是股东们不愿意看到的情况,继续投入家庭股份合作林场的机会成本非常高,家庭股份合作林场不可能吸纳新成员,将有股东选择主动退出。看到这种情况,其他家庭也不会申请加入林场。

以上分析也证明了团队生产理论的观点,认为合伙制企业只是用于规模较小的企业,因为企业规模的扩大会进一步诱发合伙人的机会主义行为、降低企业的效率(卢现祥,朱巧玲,2007),因此,实践中的家庭股份合作林场规模通常较小。

7.2.4 产权安排:林权的再联合

7.2.4.1 家庭股份林场的林权安排

家庭股份合作林场是"分山分林"前提下的股份合作,它的明显特征就是林权的再联合、林业生产资源的再配置。即家庭股份合作林场在承认生产资料为农户所占有的基础上,实行成员对生产资料的共同经营,并通过股份承认农户资产的收益权。它区别于前两章分析的林业专业合作社和林业专业协会——在组织内,作为成员的农户之间没有林权的联合,是典型的"经营在户,合作在社(会)"的林权安排。而家庭股份合作林场则是通过"分山分林"获得的林地林木资源折价入股,由林场进行优化配置,统一规划、造林、管护、采伐和销售等,是"股权在户,经营在场"的林权安排。只是家庭股份合作林场股东规模有限,实际经营权还在这几个农户股东手上。

7.2.4.2 家庭股份林场的组织产权安排

家庭股份林场的所有权天然地为拥有其股份的所有股东所占有。但区别于资本管理型企业(capital-managed firm)的现代公司制的企业所有权——属于资本家或少数股东所有。因为家庭股份林场的股东除了资金入股外,还可以通过劳力等入股,所以它也具有劳动管理型企业(labor-managed firm)的特征,并以其劳力的付出拥有家庭股份合作林场的所有权。所不同的是在家庭股份合作林场中,由于以上提及的不完全开放的成员机制,其成员通常是具有资金或优势林地林木资源等稀缺的生产要素,因为劳力资源在林业生产过程中不同时期的需求不同,所以它就很少存在单纯以劳力入股的股东。由于家庭股份合作林场的成员限定在一定数量的家庭中,其成员规模不大,采用不完全开放的成员机制,因此其所有权也就集中在有限的所有股东手中。

家庭股份合作林场的剩余索取权限定在以林业生产要素入股的股东身上。同样,其剩余索取权并不能像股票那样在市场上流通交易,这就使得林业生产要素市场的信号不能流向家庭股份合作林场。由于家庭股份合作林场的成员或股东规模有限,其剩余控制权与所有权的分离不如成员规模大的林业专业合作社和林业专业协会那么明显。因此,其剩余控制权基本控制在数量有限的农户股东手中。

7.2.5 治理结构:小成本的治理规模

7.2.5.1 治理架构

一般来讲,家庭股份合作林场与林业专业合作社内部治理的内容主要是从现代公司治理理论借鉴而来的,其由三个基本元素构成,即股东大会(决策)、董事会(执行或管理)和监事会(监督),三者遵循分权制衡的原则。

7.2.5.2 小成本的治理规模

由于家庭股份合作林场采用比较特殊的会员机制,它的股东规模比较小,组织成本或协调成本非常低。在决策过程中,不需要代表,彼此之间就可以进行直接监督、决策和管理等活动了。加之家庭股份合作林场的股东多为关系较好,或具有亲缘关系的,或相邻关系的农户或者家庭,这种典型的非正式契约关系在我国农村传统社会关系中,相对于正式安排的监督治理制度更能有效避免"搭便车"、偷懒甚至舞弊的动机。因此,不同于成员规模较大的家庭林业合作组织,家庭股份合作林场的委托代理问题并不大,治理成本也比较小。虽然木材林产品的交易频率较低,但不至于无法弥补家庭股份合作林场非常小的治理成本。

7.2.6 分配机制:按股分利

不同于林业专业合作社——按惠顾量分配为主,家庭股份合作林场的利益分配机制为按股分配。依据各股东的股权结构——即当年折价后的股份比例进行,可以每年兑现一次,或者存在产出时兑现的情况。家庭股份合作林场对其收益的用途通常也进行了规定,例如,经股东大会同意,确定收益用途分配按一定的比例分为用于股利分配、扩大再生产,以及其他项目开支费用的分配等等。

这里假设:木材林产品市场风险发生的概率为 α,$0<\alpha<1$,此时股东规模为 n 的家庭股份合作林场共同售出的木材林产品量为 Q,价格为 P_1;林产品市场风险不发生时,家庭股份合作林场共同售出的木材林产品价格为 P_2。由于林产品市场风险发生时,家庭股份合作林场共同售出的木材林产品价格低于风险不发生时的价格,$P_1<P_2$。组织总成本为 C,那么家庭股份合作林场的利润 P_r 可以用下面数学表达式(7.6)表示。

$$P_r = P_2 \sum_{i=1}^{n} Q_i - \alpha(P_2 - P_1) \sum_{i=1}^{n} Q_i - C \tag{7.6}$$

式中:

P_r——家庭股份合作林场的利润;

Q_i——第 i 个家庭或股东的林地产出($i=1,2,3,\cdots,n$);

P_2——市场风险不发生时,家庭股份合作林场共同售出的木材林产品价格;

P_1——市场风险发生时,家庭股份合作林场共同售出的木材林产品价格;

C——组织总成本；

n——家庭股份合作林场的股东规模(数量)；

α——木材林产品市场风险发生的概率。

继续假设家庭通过资金、林地林木和劳力等林业生产要素折价后的股金为 S,并且家庭股份合作林场通过股东大会规定用于这些股份分配的比例为 θ,那么每户家庭获得的收益 R 可以用下面的数学表达式(7.7)表示：

$$R_i = \theta P_r \frac{S_i}{\sum_{i=1}^{n} S_i} \quad (7.7)$$

式中：

R_i——第 i 个股东或家庭获得的收益 $(i=1,2,3,\cdots,n)$；

S_i——第 i 个股东或家庭的林业生产要素折价后的股金；

θ——股利分配的比例。

将(7.6)式代入(7.7)式并整理,得到兼顾木材林产品市场价格风险下的家庭股份合作林场的利益分配表达式(7.8)：

$$R_i = \frac{\theta S_i}{\sum_{i=1}^{n} S_i} P_2 \sum_{i=1}^{n} Q_i - \frac{\theta S_i}{\sum_{i=1}^{n} S_i} \alpha (P_2 - P_1) \sum_{i=1}^{n} Q_i - C \frac{\theta S_i}{\sum_{i=1}^{n} S_i} \quad (7.8)$$

观察上式(7.8)可以发现,每一项都存在用于股利分配的比例和股东的股份比例。因此,可以这么认为,该式的第一项为正常情况下的家庭或股东的"利益共享"项,第二项是木材林产品市场价格风险下的家庭或股东"风险共担"项,第三项为家庭或股东的"成本分摊"项。它们共同构成了家庭股份合作林场的利益分享机制。

7.2.7 决策机制：小规模的民主决策

家庭股份合作林场实施的是"一人一票",同时兼顾一定股份的决策机制。由于股东成员规模有限,股东成员通常集中在本村组的几个家庭中,相互之间交流非常容易,其决策成本比较低,很容易形成股东大会进行决策。而且在成立和发展的过程中,由于其半开放的成员机制,往往使得股东或成员之间入股的林业生产要素相当。在这种情况下,"一人一票"与"一股一票"相当,这从决策的对称性来说,兼顾到了各个股东的利益,是一定程度上的"民管"。

一般情况下,股东会议可以分为定期大会和临时会议,定期会议可以按照固定的时间间隔召开一次,日期通常由理事会决定。通常修改决议必须经代表 2/3 以上表决权的股东通过。除了法律、法规、章程有明确规定外,股东会议做出要的决议都必须经过代表半数以上表决权的股东通过。

7.3 家庭股份合作林场利益相关者理论分析

7.3.1 家庭股份合作林场的利益相关者界定与差异

家庭股份合作林场的外在利益相关者与林业专业合作社相似,主要涉及到非股东农户、社区管理者、林业部门、工商部门、金融部门、林产品购买商,详见图7-2所示。

图7-2 家庭股份合作林场利益相关者界定与关系

家庭股份合作林场的利益相关者与林业专业合作社不同的是其内部运行的主体,由于林专业合作社的剩余索取权和剩余控制权分离较大,形成了典型的委托—代理关系,即形成了社员农户和林业专业合作社管理者之间的博弈与激励。而家庭股份合作林场的特殊成员机制决定了其内部运行主体——股东没有像林业专业合作社那样社员异化严重,因此,家庭股份合作林场的内部运行主体是其有限规模的股东。其次是家庭股份合作林场以木材林产品为经营对象,所以其林产品消费者多为原木收购商、或者是木材加工企业。

7.3.2 家庭股份合作林场与非股东农户进入壁垒辨析

在这些外部利益相关者当中,其契约关系与目标基本上与林业专业合作社的相类似,这里值得探讨的是家庭股份合作林场与非股东或非成员的农户之间的关系。

根据Starik(1994)关于利益相关者的动态视角来考察,非家庭股份合作林场的股东或成员的农户是潜在利益相关者(Latent Stakeholders),他们有可能受家庭股份合作林场效益的影响或带动示范作用而申请加入林场,成为家庭股份合作林场的股东或成员,家庭股份合作林场也可以收购非股东或成员农户的木材林产品。由于家庭股份合作林场采用不完全开放的成员机制,所以无形中形成了这些农户进入家庭股份合作林场的壁垒。根据孔祥智和陈丹梅(2008)的描述——"大多数家庭合作林场和股份合作林场存在一个共同的特征:股东人数很少,大多在10人以内,且通常为农村社区内林地规模较大、有一定生产经营能力并与发起人关系较好的农户,真正小规模、实力较弱的农户并未能参与到林业合作经济组织中来"。他们怀疑:"这是不是共同富裕,合作林场外的广大农户怎么办,从会员'先富起来'到大家共同富裕还需要怎样的过渡?"

首先,本研究认为,家庭股份合作林场的存在具有现实的合理性。从农村林业市场经济的角度来看,"市场失灵"是其存在的关键因素。家庭股份合作林场是针对木材林产品的生产,从造林到采伐,甚至初加工都需要一系列的资本要素投入。尤其是集体林权制度主体改革后,农户进行林业生产的积极性提高,然而造林对于单个农户而言即是资金、林地和劳力等生产要素高需求的环节。在当前农村林业生产要素市场还不完善的情况下,稀缺的林业生产要素,如资金、优秀人力(具有市场开拓、组织管理、种植知识等技能或知识的能人)等还不能在农村林业市场上自由流通。那么,通过家庭股份合作林场进行林权的再联合,能够实现林业生产要素的优化配置,将林业生产要素配置到真正想从事林业生产的农户手中。从农村社会契约的角度来看,家庭股份合作林场的股东多与发起人的关系都比较好,这是中国农村社会典型的非正式契约关系,这种契约关系的效果有时与村规民约一样,要胜过明文正式的法律法规,它有利于保持家庭股份合作林场的组织稳定,并减少组织的协调成本,降低股东之间的利益冲突。

其次,家庭股份合作林场的发展会给当地社区的发展和非股东农户带来机遇或产生积极的影响。股东对家庭股份合作林场的投入与林业专业合作社一样,也均在社区内获取收益,结果对社区产生了积极的经济影响,社区可实现资金自足。

最后,作为家庭股份合作林场的非股东农户不一定需要选择家庭股份合作林场这一种合作形式。因为其他农户可能具有不同的性质,例如,农户的年龄不同、森林资源禀赋有差异、生产要素投资偏好不同、个人风险偏好有差异等等,都有可能形成这些农户根据自己的实际选择不同的合作形式。例如,同在邵武市的加尚村,就存在家庭股份合作林场以及转让经营权给市营林公司进行经营的情况。根据实地研究发现,后者这部分林地的立地条件对于农户个人来说造林比较困难,机会成本高,通过转让其经营权并参与分红不失为一个较好的选择。还有部分年轻的林主对从事林业生产可能不感兴趣,他们也可以选择转让林地的经营权,参与分红。因此,应该由农户通过自我认识与选择,根据他们自己的需求来选择何种合作形式,部门则提供引导服务,这样在农村社区才容易形成稳定的林业生产关系。

7.4 家庭股份合作林场发展制度环境分析

7.4.1 家庭股份合作林场市场经济环境分析

7.4.1.1 木材林产品市场交易特征

从木材林产品的市场交易特征来看,根据第四章的分析结果可认为,木材林产品由于交易频率低、交易不确定性和资产专用性高等特点,难以补偿林业专业合作社较高的组织成本,因此,它更适合具有一定资本合作的家庭林业合作组织,家庭股份合作林场就是吸纳了当地农村社区较有实力的农户,对抵御林业生产过程中的不确定性具有更加积极的作用,即家庭股份合作林场的合作形式能较好地适应木材林产品的生产和交易。

7.4.1.2 木材林产品市场主体结构

从木材林产品的市场结构来看,根据当前木材市场经济的环境,大家已经认识到国产材生产的减少、进口材的增加,但依然无法满足国内旺盛的木材加工需求,因此,集体林的经营管理具有很大的市场潜力。但是自集体林权制度主体改革开展以来,森林经营的主体大量增加。因此,国内木材林产品市场上的个体经营者之间将会形成一定的竞争。

以上是国内经营主体的情况,现在从国外的投资者来看,一些大型林业生产企业已经逐渐减少本国的投资,一部分资金也逐渐投入到我国南方水热条件较好的集体林区,对我国以农户经营为主体的木材林产品经营生产者形成了竞争压力。因此,由于来自国内个体经营者的自我竞争和来自国外的林业企业压力,农户之间的合作将是必然趋势,而家庭股份合作林场则是当前针对木材林产品经营生产的有效选择。

7.4.2 家庭股份合作林场政策环境分析

目前专门针对家庭股份合作林场的政策非常罕见,其中在国家部门层次的《林业产业振兴规划(2010-2012年)》除了农民专业合作社外,也明确提出了大力发展家庭合作林场、股份制林场等家庭林业合作组织,为家庭股份合作林场的发展提供一个政策依据。此外,其他关于商品林的优惠政策也适用于家庭股份合作林场的商品林生产和经营。例如,福建省各级林业主管部门关于落实省委、省政府关于放活商品林的有关规定,指导林业合作经济组织自主编制森林经营方案,按照"同等优先、适当放宽"的原则,予以林木采伐指标单列,科学合理地利用森林资源。在税收方面,税务部门贯彻"反哺"方针,从营业税、增值税、所得税方面给予税收减免。从2009年7月1日起,将育林基金征收标准由林木产品销售收入的20%降至10%以下。《中共福建省委 福建省人民政府关于持续深化林改建设海西现代林业的意见》(闽委〔2009〕44号)提出,要积极引导林业合作经济组织建设。引导林业经营者在产权明晰的基础上,通过股份合作等方式,组建林业合作经济组织,促进林业规模经营、集约经营。

在法律依据上,家庭股份合作林场适用于《公司法》,而当前的家庭股份合作林场是起步阶段,很多家庭股份合作林场刚刚成立不久,还处于造林抚育阶段,木材还没有收益或者收益甚少,经济实力相对于其他行业或本行业的企业或者公司,家庭股份合作林场是市场上的弱势主体,而家庭股份合作林场却没有从现有的市场政策当中获得相应的激励政策,呈现出"政策真空"状态,无法满足当前家庭股份合作林场实践的需求,大大限制了家庭股份合作林场的发展。

7.5 小结

本章依然通过一样的分析框架评估了家庭股份合作林场这一家庭林业合作组织形式,认为家庭股份合作林场这一形式比较适用于以具有某种关系的家庭为单位、以木材林产品为经营交易对象的小规模农户合作。虽然运行机制具有优势,并兼顾了效率和公平,但是当前的发展却面临着"政策真空"的挑战。另外,由于特殊的成员机制使其难以扩大规模,也不利于应对未来可能出现的挑战。

首先,从内在运行机制来看,家庭股份合作林场由于其潜在的不完全开放的成员机制,使其具有治理简单、协调成本低、决策容易达成一致、非对称决策和委托代理问题和股东异化程度不突出、利益分配机制简单等优点。其次,从外部利益相关者来看,区别于林业专业协会和林业专业合作社,家庭股份合作林场以木材为经营对象,其林产品消费者集中在木材林产品加工企业,这些企业的契约偏好同样倾向于家庭股份合作林场。至于非股东农户的潜在进入壁垒问题,与当前农村林业生产要素市场的不完善,如林业生产资金、优质人力资源等要素稀缺程度和不能在农村林业市场自由流通相关。另外,还与非股东农户自身特性,如资源禀赋、年龄等有关系。最后,从发展环境因素来看,虽然木材市场的缺口依然很大,来自国内和国外的森林经营主体的增多都能促进更多农户的合作,家庭股份合作林场作为农户合作形式之一具有很大的需求空间,但同时其也面临着市场竞争的压力以及目前"政策真空"的挑战,更加不利于未来环境变化所带来的挑战。

第8章 家庭林业合作组织制度典型案例评估分析

8.1 抚顺县红顺中药材种植专业合作社制度评估分析

8.1.1 案例背景概述

抚顺县红顺中药材种植专业合作社所在的辽宁省抚顺县救兵乡山龙村小桥子组,总人口为125人,总土地为80平方千米,其中林业用地面积56.67平方千米,耕地面积7.47平方千米(详见下图8-1),全村组人均耕地面积还不到0.06平方千米。截至2007年底,人均年收入为1250元,村民每年靠种地仅能解决温饱问题。

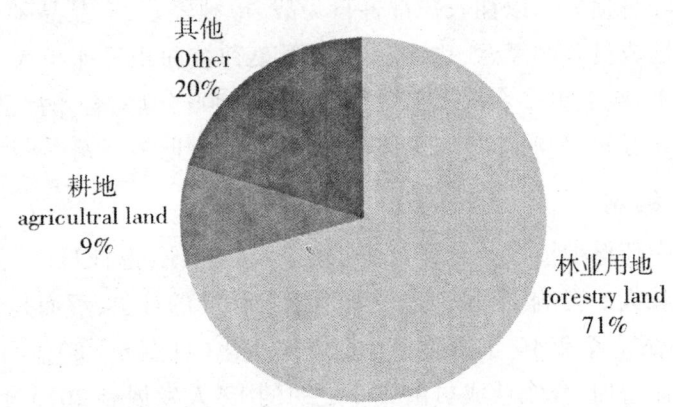

图8-1 小桥子村组土地资源利用结构

2007年,山龙村完成了集体林产权制度主体改革,村民获得了集体林地的经营权。村民分到了林地,由于林木采伐受指标的限制,怎样才能不砍树也能致富,摆脱贫穷落后的现状,早日实现脱贫致富,村民李红通过考察市场行情,筹集资金33万元在自家承包的荒山和林地上栽植了6.67平方千米的五味子苗木,种植林下参6.67平方千米。为了提高林地利用率、增加经济效益,他充分利用五味子园内的林间空地发展山野菜及细辛等中药材,目前已成为五味子、山野菜套种示范基地,仅此一项即实现年收入20万元。在李红的带动下,全村到2008年就发展五味子66.67平方千米、种植林下参66.67

平方千米,目前村里的林地经济发展已初具规模,五味子已经进入到了初果期。

8.1.2 红顺中药材种植专业合作社运行机制分析

8.1.2.1 成立机制

抚顺县红顺中药材种植专业合作社采用的是典型的能人带动型的成立机制。在村里发展林下经济初具规模的基础上,为了改变山龙村发展中药材和山野菜一家一户的无序经营不能适应大市场的需要,市场竞争力也不强的现状,2008年8月16日,在李红的带头下,经抚顺县工商局审核批准,在山龙村成立了"抚顺县红顺中药材种植专业合作社"。全村到2008年底,在理事长李红的带动下,合作社已发展中药材、山野菜基地266.67平方千米,其中:种植林下人参133.33平方千米,栽植五味子66.67平方千米,发展刺五加、辽细辛、黄芪及大叶芹、猫爪子、刺龙芽等山野菜66.67平方千米,栽植平欧大果榛子6.67平方千米,总投资达400万元。

8.1.2.2 组织目标

抚顺县红顺中药材种植专业合作社的最主要目标是改善农户的无序经营,促进规模化和集约化经营,适应市场的需求,最终大大增加农户的收入。过去一家一户经营的农户,为了卖掉手里的中药材和山野菜,作为市场经营的弱势一方,他们常常互相压价,造成了相当大的经济损失。以往农户都各自为战、单独经营,产品品种单一、产量少、价格低。现在合作社成员合作经营,中药材和山野菜种植面积迅速扩大,产量逐渐提高,可以满足市场需求、吸引更多客户、创造更高收益。2009年底,合作社已有中药材、山野菜可实现产值500万元,利润100万元,合作社人均增收近2万元。

8.1.2.3 社员机制

抚顺县红顺中药材种植专业合作社采取的"入社自愿,退社自由"的成员机制。在合作社效益日益壮大的影响下,目前还没有退出合作社的社员,反而是加入的农户日益增多。从2000年成立至2010年的农户社员规模变化(见图8-2)。可以看出,社员规模的扩大速度正在增加,合作社成员由成立之初的12人发展到2010年8月的134人,在合作社效益日益凸显的影响下,2010年的农户社员规模增速比上一年要高。社员已经分布在救兵、石文、兰山、章党和汤图等5个乡镇、8个村屯,目前社员的出资总额已达到184.5万元。

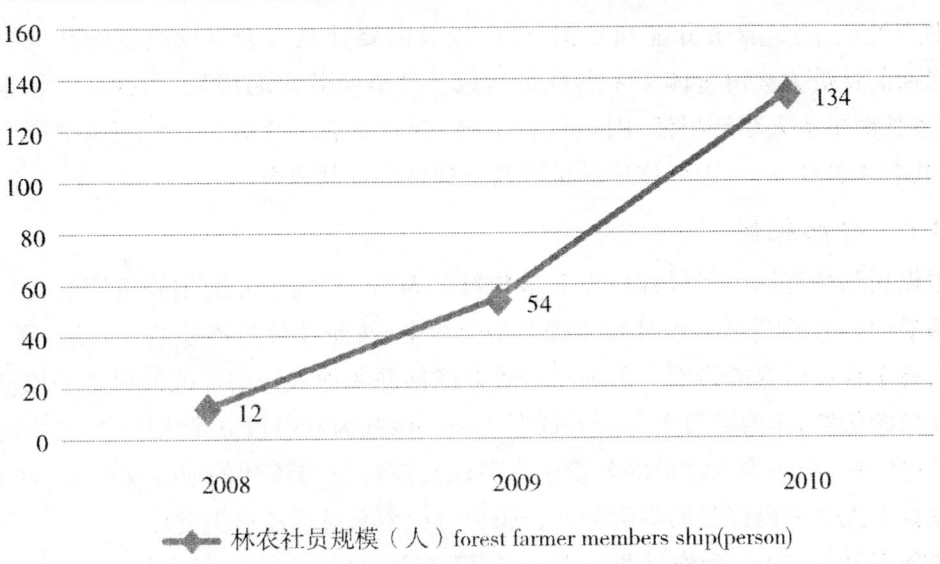

图8-2 抚顺县红顺中药材种植专业合作社农户社员规模变化

8.1.2.4 产权安排

2007年，山龙村完成了集体林产权制度主体改革，农户获得了集体林地的经营权和林木的所有权。由于农户个体林木未达成树龄，采伐受限，比较利益低，因此利用自家的林地，在林下种植中药材，形成了"经营在户、服务在社、合作在社"的林业产权安排。

8.1.2.5 治理结构

抚顺县红顺中药材种植专业合作社的治理结构如图8-3所示。抚顺县红顺中药材种植专业合作社的社员大会具有最高职权，包括：审议修改章程；选举或者罢免理事会及其成员；决定增减注册资金和股金转让；决定合并、分立、终止和决算；审议理事会、监事会工作报告和财务报告；决定生产经营方针和投资计划；决定社员认购的股金总额，每股金额，单个社员认购股金最高份额和生产的社员认购股金的最低份额；决定

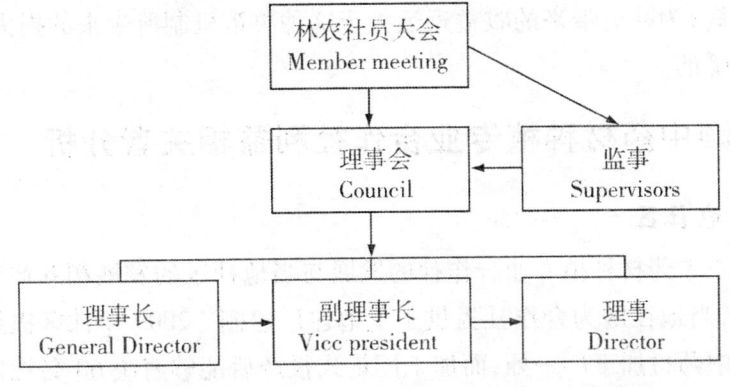

图8-3 抚顺县红顺中药材种植专业合作社治理结构

重大财产处置;决定盈余分配和亏损方案;以及需要社员大会审议决定的其他重大事项。当前的社员大会由全体134名社员构成。理事会共5名成员,由社员大会选举产生,理事长由带头人李红担任,副理事长1名,理事3名。社员大会同时选举产生了监事会,共有3名成员,代表全体社员负责监督理事会及其成员。

8.1.2.6 分配机制

根据抚顺县红顺中药材种植专业合作社的章程,其盈余分配主要按照社员与该社的交易量(额)比例返还。该社每年提取的公积金,按照社员与该社的交易量(额)比例量化为每个社员所有的份额。由国家财政直接补助和他人捐赠形成的财产平均量化为每个社员的份额,作为可盈余分配的依据之一。该社为社员设立个人账户,主要记载该社员的出资额、量化为该社员的公积金份额以及该社员与该社的业务交易量(额)。该社员以其个人账户内记载的出资额和公积金份额为限对该社承担责任。

2009年第一季度,合作社与山龙村的17户社员签订了20年大果榛子种植合同。合同规定:由合作社免费提供苗木、物肥、药料和技术服务,社员只需付出土地、劳力和种植管理;合作社负责销售,产生经营利润以后,再与社员"五五分成"。同时,进入见果期的头3年,合作社每年要给社员补助6000元/平方千米。因为看到了稳赚的收益,农民们都非常愿意与红顺中药材种植专业合作社合作搞林下开发。今年,李红和她的合作社还免费为山龙村20多个农户提供种子、苗木、药品以及技术服务,在林下种植了近70平方千米大叶芹、猫爪子、刺龙芽和刺五加。同时,合作社还负责收购和销售,并只收取销售收入5%的费用。

8.1.2.7 决策机制:可接受的非对称决策机制

抚顺县红顺中药材种植专业合作社的社员规模已经达到134人,涉及的地域广泛,有5个乡镇、8个村屯。因此,在日常经营管理过程中委托代理问题明显,容易形成非对称决策机制。然而,就短期或从目前的经营状况来看,这种决策机制对农户社员来说又是可以接受的。因为合作社刚刚成立不久,在发展初期,作为农户代理人的社区能人的边际效益非常高,为社员带来的收益远远大于这种决策机制所带来的损失,农户社员对此还是可以接受的。

8.1.3 红顺中药材种植专业合作社利益相关者分析

8.1.3.1 当地社区

抚顺县红顺中药材种植专业合作社的发展与当地社区的发展相互产生作用。在合作社成立之初,当地社区为合作社提供了土地建厂建棚。2009年社区提供了1万平方米的土地新建中药材加工厂一处,而加工厂正式投产后能够解决60名社区村民的劳动就业问题。

8.1.3.2 政府部门

政府部门，包括县工商局和县林业局，为抚顺县红顺中药材种植专业合作社的成立与发展提供了积极的服务。2008年8月16日，在抚顺县红顺中药材种植专业合作社成立之时，抚顺县工商局积极给予审核服务并批准在山龙村成立了"抚顺县红顺中药材种植专业合作社"。2009年4月，抚顺县林业局投资8.2万元为合作社建立了电力设施，同时还购买40万株猫爪子苗无偿发放给合作社社员，并指导他们在五味子基地中的空地栽植，引导社员树立综合开发、防止水土流失、生态优先的理念。

8.1.3.3 教育培训机构

教育培训机构主要是指沈阳农业大学，为抚顺县红顺中药材种植专业合作社提供的培训包括中药材种植专业技术培训和合作社业务经营的系统培训。目前，合作社已初步建立起专家教授为农民进行系统化培训的机制，定期组织开展培训。

抚顺县红顺中药材种植专业合作社从事的中药材种植和加工是专业性较强的林业经营生产，光靠农户自身的传统种植技术难以提高效率。因此，合作社聘请沈阳农业大学的专家、教授为合作社长期技术顾问，负责为社员提供优质种子和苗木，指导农民科学育苗、栽植、经营管理中药材和山野菜，增加了中药材的药用成分，提高了山野菜的产品质量。

另外，为了进一步提高农民社员的综合素质，促进农民专业合作社向规范化、规模化、产业化层次发展。沈阳农业大学3名专家教授还专程来到村里，面对面地对农民进行政策、法规、营销实用技术、合作理念的系统化培训。

8.1.4 红顺中药材种植专业合作社发展环境因素分析

8.1.4.1 市场经济环境

中药材是生产加工性较强的产品，为了适应市场的需求，抚顺县红顺中药材种植专业合作社已经投资建立加工厂，延长其产品的价值链，获取更多的附加值。中药材在国内一直很受市场的欢迎，而且在亚洲各国，尤其是韩国和日本，也有很大的市场容量。合作社的带头人李红在过去十余年地板经营和中药材经营中，拥有众多客户和畅通的产品销售渠道，合作社经营的中药材除部分满足国内市场需求外，大部分出口韩国。

8.1.4.2 发展政策环境

抚顺县红顺中药材种植专业合作社的成立和发展一直受到社会各界的关注。成立至今，作为林下经济的合作典范，已有多家媒体和各地前来采访与参观学习。政府部门也给予了很大支持，比如融资建厂等方面。辽宁省是我国集体林权制度改革的示范省份之一，对抚顺县红顺中药材种植专业合作社的发展来说是个很大的机遇。不管是国家层面还是地方层面，有关优惠政策都向林业专业合作社倾斜。而且作为林下经济合作发展的典范,为解决木材收益期长的问题提供了很好的模式,其发展将受到更多的关注。

8.1.5 存在问题分析

总体而言,抚顺县红顺中药材种植专业合作社正处于良好的发展势头,业务范围已经涉及到加工领域,其主要存在的问题是利益分配机制不够明晰。虽然章程明确了以惠顾量返利的分配机制,但没有具体明确用于惠顾量分配的利润比例,也没有明确社员出资的分配或返利形式和比例。可以认为抚顺县红顺中药材种植专业合作社的利益分配机制弹性大,例如该社还有通过合同的契约形式为准的利益分成制。

这种形式与益康山油茶专业合作社的股金优先分配形式所反映出的问题一样,在该合作社的发展初期,资金有着稀缺性和重要性特值。同时在经营状况较好的情况下,这种灵活的弹性较大的分配机制是可以接受的,但市场一旦发生风险,要担当责任之时将很容易产生利益矛盾。因此,认为在农村林业生产资金要素市场还不完善的情况下,合作社发展初期可以采取灵活的或者股金优先的分配机制。但当完成林业专业合作社的资金积累时,则必须兼顾社会公平,让其他农户也获取更多的利益。

另外,抚顺县红顺中药材种植专业合作社目前的规模还比较小,而其市场已经面向国外,且具有一定的依赖性,国际市场的不确定性较大,一旦发生风险,对较小规模的抚顺县红顺中药材种植专业合作社来说具有一定的压力,难以维护农户的利益。

8.2 二都村竹业协会制度评估分析

8.2.1 案例背景概述

二都村竹业协会所在的邵武市(县级)是全国、全省商品粮基地县(市)之一。土地总面积2837平方千米,森林面积21.3万平方千米,全市森林覆盖率达70%,林木蓄积量1402万m^3,林业用地面积23.36万平方千米,有林地面积21.71万平方千米,其中竹林面积3.67万平方千米,经济林面积0.62万平方千米,是福建重点林区和四大林产加工中心之一。自2003年以来就全面开展集体林权改革,并在林业行业协会、专业合作社、股份合作林场和非公有制林场等家庭林业合作组织方面开展了有益的探索。

二都村竹业协会位于闽北山区偏僻的老区基点村,少数民族村(畲族)——二都村山多地少,下辖16个村民小组,456户、1625人。全村面积3467平方千米,有林地面积3067平方千米,其中竹林面积1267平方千米,约占有林地面积41%,其中农户会员的竹林面积占89%(详见上图6-6)。森林覆盖率75%,森林蓄积量19.1万m^3,毛竹立竹260万根。该村2008年的财政收入为36万元,村民人均收入为5146元,其中林业收入占70%。

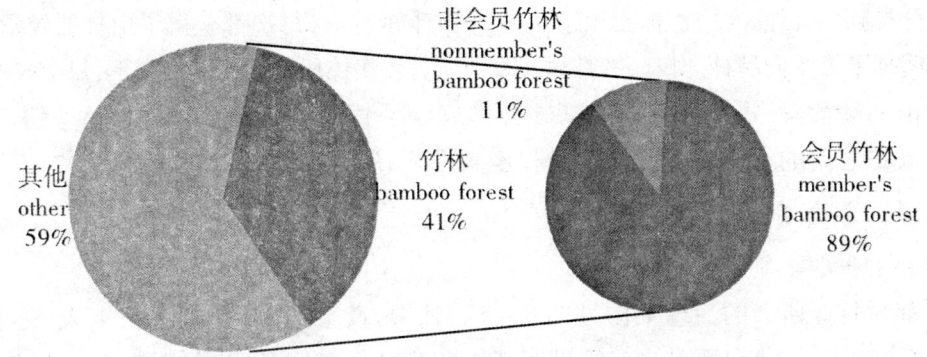

图8-4 二都村竹林面积及其协会会员竹林面积比例

二都村竹业协会有会员代表156个,涉及农户432人,涉及竹林面积1133平方千米,约占全村竹林面积的89%。年新立竹36万根,年产竹量22万根,产值达260万元。协会组织负责科学指导竹农管护竹山,布置组织毛竹生产,联系适销对路市场,并办理调运手续,协助制表毛竹数量、价格、金额、应缴山价、税款明细表,统一代办除草剂、毛竹专用肥工作,农户只承担实际药费款加运费,协会不收代办费,实行无偿等产、供、销一条龙服务。

8.2.2 二都村竹业协会运行机制分析

8.2.2.1 "内在需求——外部供给"的成立机制

自1991年竹山分下来后,基本上无人管理,销售几乎无利可图,甚至是亏本。当时笋类每10千克才5.5元,其收入所占家庭总收入甚微,加之承受着外来的"笋霸""竹霸"压低笋竹价格和阻碍笋竹外运的压力,2000年前后,就有几户农户要求联合起来将本地的竹笋向外面较高价格的市场销售。2002年在政府部门的引导下,经村委广泛听取村民的意见上,通过民政部门登记成立"二都村竹业协会",建立章程,逐渐规范,规模逐步壮大。这是典型的"内在需求—外部供给"成立机制,即在农户需求的基础上,由林业部门和村委会积极引导成立。

8.2.2.2 宽松的会员机制

会员实行自愿申请报名,人数不限。2003年已经涉及到的农户为106人,2010年会员已经发展到156人,涉及到的农户为432户,占全村总农户456户的95%,农户的参与程度非常高,只有少数未加入协会。关于会员的会费问题,二都村竹业协会会员大会曾经讨论过,但最终没有实施会费制。

8.2.2.3 "经营在户,服务在会"的产权安排

二都村主要的森林树种为杉木(Cunninghamia lanceolata)、马尾松(Pinus massoniana)和毛竹(Phyllostachys pubescens)。早在 1991 年二都村就开始将竹山以抓阄或抽签的形式分山分林到户,目前人均竹林面积达 0.67 平方千米左右,每户都获得了山林的经营权,已经全部明晰了集体商品林产权。二都村在林地所有权集体所有不变的情况下,每个农户均获得了竹山的经营权,并以此为林权基础合作成立了竹业协会。在二都村竹业协会内部不存在农户之间的林权联合,是典型的"经营在户,服务在会"的产权安排。

8.2.2.4 零会费的治理结构

(1) 治理架构

二都村竹业协会的治理架构见图 8-5。其中,设会长 1 人、副会长 1 人、秘书长 1 人、理事会 16 人。协会下设生产管理服务组和流动信息服务组,分别为组长 1 人、成员 3 人。生产管理服务组主要负责指导竹农科学管理竹山,协助竹农做好竹山肥料采购供应,抓好病虫害防治和协助竹农办理毛竹采伐证。流通信息服务组则负责市场信息的搜集整理,笋竹市场价格调查协助竹农办理笋竹调运手续和指导竹农销售笋竹产品。会员代表 156 人,涉及家庭 432 户。此外,还有副会长、秘书长、董事长组成专门的办事机构,会长、副会长和秘书长由会员选举或推荐产生。协会届期为 3 年 1 届,特殊情况可以提前或推迟换届。协会实行会长负责制,会长每年主持召开 2 次会员大会,不定期向村委会报告协会运行情况,会长不在时由副会长主持协会工作。

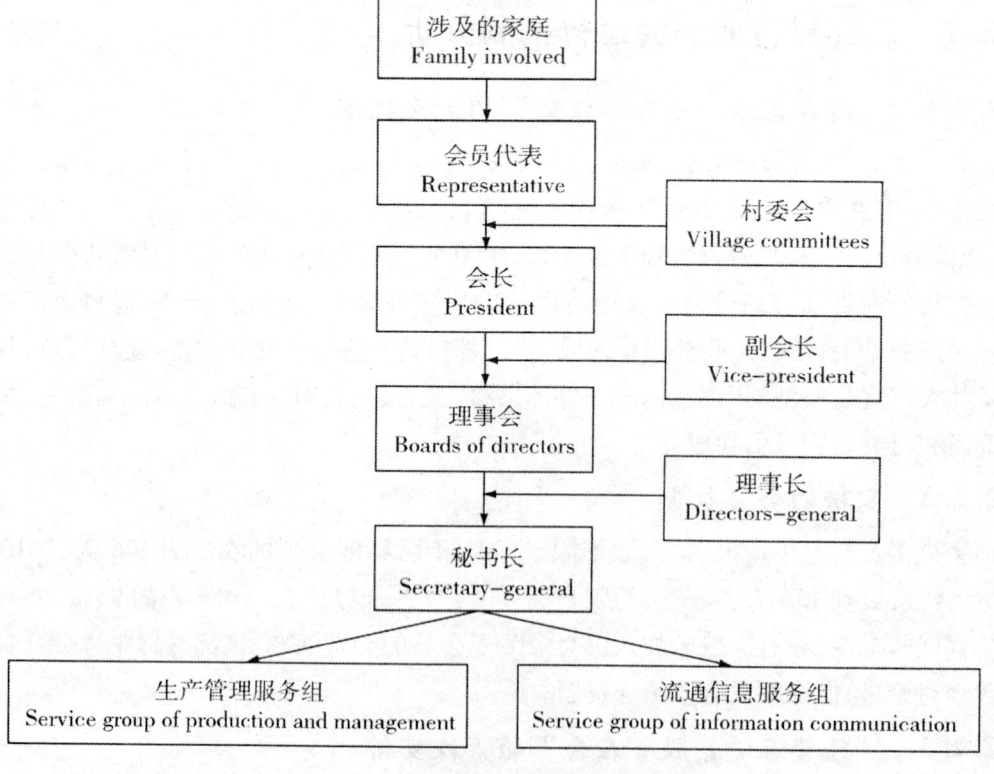

图 8-5 二都村竹业协会治理构架

在二都村竹业协会的治理构架中,二都村的村委会地位比较特殊。在二都村竹业协会于2002年经民政部门登记成立之时,根据已经建立的章程,其性质定位为在二都村委会领导下的民间协会组织,协助村委会管理竹业开发、高产培育、科学指导、流通经营工作,服务竹农。协会对村委会负责,村委会负有检查监督和支持协会工作的义务。本村毛竹承包户十分配合协会的工作,遵守协会的规章制度。

二都村竹业协会与村委会的关系还体现在以下方面:在财务管理方面,协会设立出纳员,会计由村财务兼任,建立财务管理制度,采伐指标分配、毛竹检尺、调运码单、经济往来均建立台账。协会代村委会收缴的山价款和税收及时转给村委会,不得挪用。在奖惩制度方面,协会根据村委会授权管理全村竹林、主产品销售,对竹农违反林政管理、乱砍乱挖,有权不分配采伐指标,偷逃毛竹山价款行为有权按3倍进行处罚。协会专职人员失职、渎职行为造成村集体损失的,专职人员必须赔偿损失并将其开除出协会。协会与专职人员签订责任书。

由此可以看出,二都村竹业协会既是村委会与农户之间的桥梁,又是村委会的代办机构,向村委会负责,多了几分"官办"色彩。因此,二都村竹业协会的治理架构实为村委会监管下的组织。

(2) 零会费制度与治理经费来源

由于二都村竹业协会没有实施会费制,在起步阶段,村委会给予了其开办经费支持。村委会与协会实行责任管理,按照2001年度毛竹山价款为核定基数,超出基数部分按5:5比例分成作为集体经济收入和竹业协会活动经费和奖励工资和专职人员的工资。虽然没有会费,但由于村委会的资助和协会管理人员的激励工资等,使得管理人员了有足够的积极性,更加努力地提高协会服务的供应,同时零会费制度大大提高了农户的参与积极性,这就是为什么到目前为止,二都村竹业协会会员农户的户数规模已经占到全村总户数95%之高的原因。

8.2.2.5 服务量分配机制失衡

由于二都村竹业协会的特殊治理构架及其与村委会的紧密关系,很容易出现前面分析的道德风险问题,从而形成服务量分配不公的问题,协会和村委会管理者往往会优先满足自己的服务需求,而真正有服务需求的会员农户可能得不到所需的服务量。协会、农户和村委会的特殊契约关系使得协会的服务量分配进一步失去公平。因为会费理论上与协会的服务供应量有很大的正相关,但二都村竹业协会实施的是零会费制度,协会向农户提供的理论服务量着非常低,然而会费却由村委会通过会员农户所缴纳的山价款来资助,形成协会容易向村委会负责或服务分配向村委会管理者倾斜的倾向。

8.2.2.6 "科层"决策机制

日常事务由理事会商议决定,重大事务的决策则通过全体会员大会和村民代表大会讨论决定,例如协会实行无偿为竹农服务2年后,根据协会运行和市场情况,协会是否收取会员费、管理费就是由全体会员大会和村民代表大会讨论决定的。

但根据以上治理结构的分析认为,二都村竹业协会的决策机制具有典型的非对称决策机制特点,主要是二都村竹业协会还没有完全形成"民管"机制以及监督机制的缺失。事实上,该协会具有来自村委会和协会管理者双重决策层,具有类似"科层制(Bureaucracy)"的决策形式,村委会甚至有开除协会职员的权力。在这种治理结构下,二都村竹业协会的章程更加无能为力了,显示出了其制度性的软约束。

8.2.3 二都村竹业协会利益相关者分析

8.2.3.1 会员家庭

会员农户的需求是竹业成立和发展的内在动力。从竹业协会的发展过程可以发现,农民的需求依次呈现出了以下三个不同层次:首先,竹业协会成立之初,农民对进入外面高价市场的需求很高。而当打开市场之后,农民的需求则更多地转向先进的科学的竹山经营管理技术,以提高产品产量和质量,进一步增加收入。随着市场的稳定并获得了一定的科学的经营管理技术之后,农民的生产需求进而转向竹山的经营管理效率,主要表现在对修建车道和喷灌或灌溉等基础设施的需求。而要满足这三层需求不是农民个人而是联合互助方能实现的,并且大大降低了农民个人达到这些需求的成本。农民的这种需求层次是竹业协会不断积极开展经营管理服务的内在激励因素。

目前,二都村已有95%的农户参与了竹业协会,这部分农民认为协会的作用很大,尤其是在协会成立之初,销售环节的联合互助行为效果非常显著,使得成员由当初的几个大户增加到了现在的156人。由于农民经营管理技术的需求,使他们积极参与协会组织的各种培训和学习。近些年来,协会负责科学指导竹农管护竹山,布置组织毛竹生产,联系适销对路市场,并为竹农办理调运手续等产、供、销一系列服务,对农民增收有着直接密切的关系,包括竹笋和竹材两类产品,每年可为农户增收30余万元,每户平均增收800元左右。

协会自2002年成立以来,已陆续投资10万元进行了400平方千米科学管护的竹林示范以及竹山机耕路(林道)的建设,为笋竹和肥料等的运输提供了方便,提高了竹山经营管理的效率。还曾用了3万余元统一调进竹林专用除草剂8000包,进行竹林喷射、清除竹林中杂草及小杂灌,并组织竹农疏松土壤,对毛竹进行编号,较单户农户实施经营管理省时省工,提高功效。

8.2.3.2 协会管理者

二都村竹业协会的管理者充分肯定了竹业协会成立的必要性和重要性。在协会成立之初的几年,对帮助和指导竹农经营管理毛竹发挥了重要作用,主要体现在:第一,在生产中,统一组织竹农购买苗木,协助他们辨别苗木的好坏,并提供相关苗木的市场价格。第二,在经营中,充分发挥了协会的组织协调作用。负责指导竹农科学管理竹山,协助竹农做好竹山肥料采购供应,抓好病虫害防治和协助竹农办理毛竹采伐证。在毛竹的实际经营中,协会组织竹农对毛竹进行编号,以便于统一管理;统一指导竹农除杂草;组织购买杀虫剂,进行病虫害防治;组织竹农参加技术培训,提高毛竹经营水平。第三,在销售中,负责市场信息搜集整理,笋竹市场价格调查,协助竹农办理笋竹调运手续并指导竹农销售笋竹产品。

8.2.3.3 非会员农户

根据实地研究发现,未参与二都村竹业协会的这部分农户仅有5%,主要有三种原因。其一是农户特征因素,这部分林主通常是年龄较大的老人,对竹业协会不感兴趣。其二是农户的林地特征因素,由于该村1991年分山林时形成了部分农户的竹山面积较小、质量较差、收益甚微,涉及到年长的农民和外出务工的农民,主要是这些群体参与竹业协会的机会成本高,他们认为竹业协会的存在对他们没有什么影响。还有一部分农户认为,现在竹产品市场大好,销路已经不成问题,不需要参与到协会当中寻找销路。还有少部分农户未曾听过村里的竹业协会,对竹业协会没有任何认识,但提及竹业协会的作用时他们表示愿意参与。

8.2.3.4 社区管理者

根据二都村竹业协会章程以及实际运行操作过程可以看出,竹业协会直接受二都村委员会的领导,协会对竹林的经营管理也由村委会授权。协会对村委会负责,而村委会则负有检查监督和支持协会工作的义务。从该协会的财务管理办法也可以看出,该协会实际上为二都村委会的竹业经营管理执行机构,因此从这一点上讲,村委会的参与和态度非常积极,主要表现在村委会给予协会开办经费的支持以及对协会的监督行为上。同时,乡镇与村委会意见一致,都肯定了竹业协会存在的必要性,并认为农民本身意识比较薄弱,需要相关部门的引导。同时,在减轻农民负担的国家政策下,防止协会中的农户发生额外负担,尤其需要村委会的引导与监督。村委会只收取资源使用费(山价款),并通过开办经费反哺竹业协会。

8.2.3.5 林业部门

乡镇和县林业部门一致认为,二都村竹业协会具有存在的必要性。他们认为,从当前家庭林业合作组织的形式上看,建立合作社可以得到优惠,但同时要到工商和税务管理部门注册也有一定的经营负担,一般的协会虽然不用工商注册,但其经营不规范,盈利性差,因此,需要国家在政策和资金上给予扶持。

在二都村竹业协会成立之初,县林业局对协会的发展给予了大力支持,包括在道路修建、滴灌技术等方面的投入,以及在二都村搞过有关病虫害防治科研项目的试验工作。前几年,林业局也组织协会参加了竹林经营的相关技术培训,当时还有南平市派驻的科技特派员在二都村,每年要进行1-2次统一技术培训,对二都村提高毛竹经营水平起到了一定的引导作用。针对竹农和村委会等提出的林权抵押贷款中存在的问题,林业局的管理人员表示,这方面的问题会逐步解决,国家政策的落实需要逐级完成,县林业局在政策执行中必须要遵循福建省林业厅的相关指导。

林业局已经意识到了家庭林业合作组织是国家扶持的重要方向,需要不断拓宽家庭林业合作组织的业务职能,发挥其在农村经济发展中的作用。林业局相关人员表示,将会进一步加强对家庭林业合作组织的形式、任务、目标、经营方法等方面的认识,在今后的工作中将紧紧围绕提高农民收入、壮大林业产业这个核心,将家庭林业合作组织建设好。只要国家出台相关政策,都会尽力落到实处。但是,有些问题不是只靠林业局就能解决的,也需要国家或上级部门协调好部门间的相互关系,比如税收问题、贷款优惠政策等。

8.2.4 二都村竹业协会发展环境因素分析

8.2.4.1 竹产品市场经济环境分析

竹产品市场是协会开展竹山经营管理服务的一大激励因素,市场需求的扩大刺激了协会开展竹山经营管理的积极性。目前,二都村的竹材和产品除了要满足福建省市场的需求外,还要向浙江省提供原材料和半成品。由于这些年良好的市场环境,二都村已有2个竹材加工厂,竹农们不再担心产品销路,少部分会员认为加入与否对其收入影响不大。因此,从一定程度上影响了会员对协会在销售服务方面的作用认同。

8.2.4.2 政策环境分析

首先,从当前家庭林业合作组织的形式上看,目前各种优惠政策倾向于林业专业合作社。但林业专业合作社同时要到工商和税务管理部门进行登记注册,也有一定的经营负担。林业专业协会虽然不需要去工商注册,但其经营不够规范,无盈利性,因此,需要政府部门在政策和资金上给予扶持。

其次,国家税费减免政策上的改革从一定程度上激发了家庭林业合作组织发展的积极性,如二都村在毛竹生产经营中的税费从原来的2.18元降到0.37元,大大降低了毛竹的生产经营成本,激发了竹农参加竹业协会获取经营服务、提高生产经营水平的热情。

8.2.5 存在问题分析

8.2.5.1 运行不够规范

从运行机制的分析可以发现,二都村竹业协会虽然通过民政部门进行了登记注册,但是由于监督机制的缺失导致了该协会的运行与规范的协会有所偏离,主要是二都村竹业协会目前特殊的治理结构所引起的一系列运行失衡。

首先是宽松的会员机制和零会费的治理结构。在没有其他外在资助的情况下，二都村竹业协会的运行经费严重依赖于所在的村委会，形成了服务量分配失公，容易向管理者倾斜的情况。例如，在竹山通车道的建设服务当中，少部分会员的竹山已经解决，还有近60%的竹山无通车道，这部分会员的竹山在今后的经营管理中将受到影响，也制约着今后协会经营管理活动的开展和团结稳定。另外，还导致了协会决策的"科层"倾向。

8.2.5.2 农户会员的融资服务需求难以满足

由于二都村竹业协会是非营利组织，在运行经费方面无法实现自我供给和满足，也难以扩大规模，对外部依赖性强，也难以应对将来可能出现的风险，组织本身难以持续发展。同时，其农户会员还普遍反映林权贷款难的问题，尤其是联户的林权证，贷款需要联户中的所有农户签字，但联户间的贫富差异会出现签字意见不一致的情况，就影响联户中需要贷款的个别农户的营林资金投入。同时，小额贷款额度少，手续繁冗，这又进一步限制了协会经营竹山的资金投入。

二都村竹林面积大，至今还有666.67多平方千米竹林未进行改造抚育，这将直接影响竹材和竹笋的产量和质量，仍有60%的竹山未通车道。根据协会的统计，抚育需要使用除草剂的竹林面积666.67平方千米，按300元/平方千米计算，需要20万元资金投入。需要开通车道合计10平方米，按10元/米计算，协会的农户会员需要10万元的资金投入。若完成以上相应投入明年至少可增加收入1500元/平方千米，全村农民可增收100万多元。这也是当前农户会员的迫切需求，但是二都村竹业协会也无法提供这方面的服务需求。

8.2.5.3 协会发展环境不容乐观

协会本身固然具有优势制度，如组织成本低、服务性强等特点，针对森林经营、林产品销售等环节的服务具有很好的适应性。例如，在协会成立初期，为农户会员打开了外部市场，增加了收入，并针对竹林经营技术等提供教育培训等服务，使竹林的经营进入了集约化阶段。

经过竹业协会早期的发展，目前市场相对稳定，农户会员不再担心销售的问题了。实地研究显示，已有部分农户会员表示加入协会与否差异已经不大，加上集体林权制度改革的深入，使竹材办证程序相对较宽松，采运销售成本已不再是问题。如果协会不提升服务质量、不转变服务重点，其进一步发展将受到农户会员积极性的制约，甚至协会的存在也将会受到质疑。在现有的宣传政策中，倾向林业专业合作社的比较多，在以外生型为主的成立机制下，林业专业协会很容易被忽视。

8.3 加尚村家庭股份合作林场制度评估分析

8.3.1 案例背景概述

加尚村家庭股份合作林场所在的邵武市(县级)是全国、全省商品粮基地县(市)之一。土地总面积2837平方千米,森林面积21.3万平方千米,全市森林覆盖率达70%,林木蓄积量1402万立方米,林业用地面积23.36万平方千米,有林地面积21.71万平方千米,其中竹林面积3.67万平方千米,经济林面积0.62万平方千米,是福建重点林区和四大林产加工中心之一。自2003年以来就全面开展集体林权改革,并在林业专业协会、专业合作社、股份合作林场和非公有制林场等家庭林业合作组织方面开展了有益的探索。

加尚村辖区9个村民小组,435户,1620人,土地总面积达3466.7平方千米,其中林业用地面积3033.3平方千米,竹林面积272平方千米,林权制度改革后人均拥有林地面积0.57平方千米。2008年总产值450万元,其中林业产值380万元,占84%,村民人均总收入5800元,来自林业的收入3500元,占总收入的60%(见图8-6)。

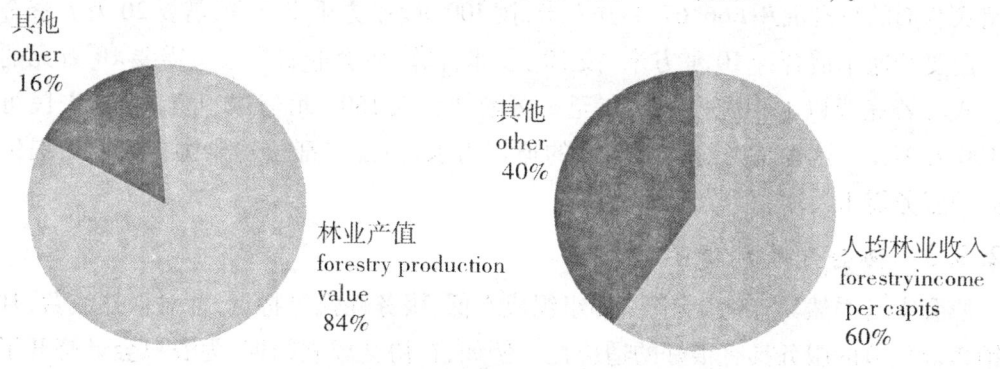

图8-6 加尚村林业产值比重(左)与人均林业收入比重(右)

加尚村家庭股份合作林场位于邵武市拿口镇,成立于2005年4月,山林面积为163.4平方千米,评估值为212.72万元,由10户家庭折成6股,所有股东均为加尚村的农户。涉及到的林种有杉木(Cunninghamia lanceolata)、马尾松(Pinus massoniana)和毛竹(Phyllostachys pubescens)。该林场是在巩固完善集体林经营体制成果的基础上,通过农民承包山林评估折价入股,成立股份经营模式,探索林地、林木经营管理的新模式和方法,从分散、低效经营向规模化、高效方向发展,达到降低经营成本、提高经营规模和经营利益的目的,增强山林联合防治,最终实现村集体和广大农户的增产增收。目前,主要从事中幼林抚育经营活动,尚未有收益。在成立过程中,林业部门提供实施方案的制定、章程的制定以及相关技术上的支持。

8.3.2 加尚村家庭股份合作林场运行机制分析

8.3.2.1 成立机制

加尚村家庭股份合作林场采取是典型的"内在需求——外部供给"成立机制。加尚村由于吸取了以往单户经营山林时无人防火扑火的教训，由现任林场的理事牵头，以亲情友情为纽带，成立了家庭股份合作林场。并于2005年在林业部门的引导下制定实施方案，于2009年4月制定章程，实施企业化管理。但成立之初，只把林场成立的有关事项上报了镇政府以及林业部门备案，而没有进行工商部门的登记注册，同时接受加尚村党支部、村委会和林业主管部门的业务监督和指导。

8.3.2.2 组织目标

加尚村家庭股份合作林场的组织目标是在巩固完善集体林经营体制成果的基础上，通过农民承包山林评估折价入股，成立股份经营模式，探索林地、林木经营管理的新模式和方法，从分散、低效经营向规模化、高效方向发展，要达到降低经营成本、提高经营规模和经营利益的目的，增强山林联合防治，最终实现广大农户的增产增收。

8.3.2.3 成员机制

加尚村家庭股份合作林场林木股为股东对现有林木资产拥有的所有股权，股权归股东，实行自愿方式入股，初定合作经营期为30年。由于林权落实到户，所以股权以户为单位登记，按股东变化给予增减，凡拥有本村的山林承包权或经营权，由本人提出申请，经评估机构评估后，与家庭合作林场签订入股协议，凭林权证（承包）合同办理入股手续。但事实上，从成立至今，其成员维持在这十户家庭，其中入股折价现金最大的为57万元，最小的为16万元。

8.3.2.4 产权安排

加尚村在2002-2003年间已经通过抽签形式均山到户。加尚村家庭股份合作林场所有入股的山林的山地所有权和林木经营权、收益权分离，其中林地的所有权为加尚村集体所有，林地经营权、收益权归林场与股东入股时签订的协议为准。加尚村家庭股份合作林场成立于2005年4月，涉及山林面积共163.4平方千米，评估值达212.72万元，由十户家庭折成六股，所有股东均为加尚村农户。

8.3.2.5 治理结构

加尚村家庭股份合作林场设有股东会、理事会和监事会。股东会是林场的最高权力机构，林场股东会由全体股东组成。理事会是合作林场常设办事机构，由理事长1人、理事2人组成。理事长、理事必须经代表半数以上表决权的股东通过方可当选，当选人是以得票高低依次当选，理事会对股东会负责。监事会是理事会的监察机构，对理事会及其成员行使监督职能，监事会主席由股东中确定产生，同时聘请本村的干部或有关人员作为成员。

林场规定,在林业生产经营过程中具有突出贡献,为合作林场节约成本或者获得较多利润,经股东会通过给予表彰,或适当物质奖励。但严重违反章程、弄虚作假,结合作林场造成一定损失的,将由股东取消当年的分红,直至赔偿损失后,视其后果严重,取消入股资格。

8.3.2.6 分配机制

加尚村家庭股份合作林场理事会配财务1名,单独立账,独立核算。按有关股东会议制度执行,月生产型开支由业务签字后报理事长签字;凡非生产性开支金额在150元以上的,理事长必须报理事会研究审批,每年将理事会的收支情况向全体股东公布。

加尚村家庭股份合作林场的利益分配依据各成员的股权结构(当年折价后的股份比例)进行,每年兑现一次。林场对其收益的用途与比例也进行了规定,经股东会同意,确定收益用途分配比例为(5:4:1),即50%用于股利、40%用于扩大再生产、10%作为其他项目开支费用(图8-7)。若因资金运作困难或扩大生产项目需要等不进行分红时,应向股东会说明原因,提出相关的运作意见,由大会表决通过。

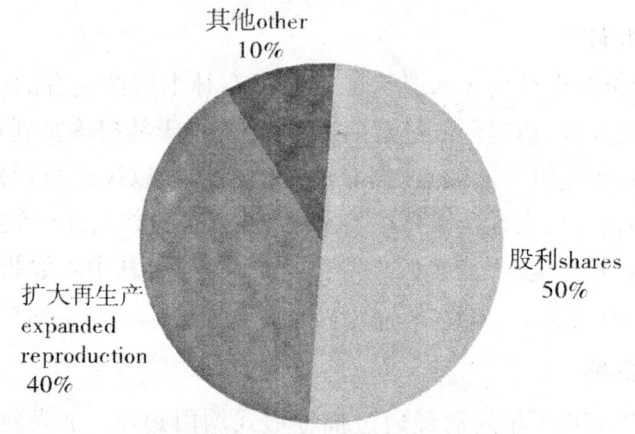

图8-7 加尚村家庭股份合作林场利益分配结构

该分配比重表明了加尚村家庭股份合作林场建设或发展初期资金的重要或稀缺程度,因此用于扩大再生产的收益比例为40%。但同时也要意识到,应该设置灵活的分配机制或比例,在初期可以设置较大的用于扩大再生产的比例,在运行或经济效益良好时期股利的分配比例应该占大部分,以提高股东农户的积极性。

8.3.2.7 决策机制

林场的决策由股东会讨论决定,理事会执行,如决定林场的经营方针和投资计划,决定有关理事和管理人员、有关监事的报酬事项等。股东会分为定期和临时会议,定期会议每个季度要召开一次,日期由理事会决定。代表1/4以上表决权的股东,1/3以上理事或监事,可以提议召开临时会议。修改决议必须经代表2/3以上表决权的股东通过。除法律、法规、章程有明确规定外,股东会议作出的决定,必须经过代表半数以上表决权的股东通过。由于加尚村家庭股份合作林场的股东只有6个,所以决策成本非常低。

8.3.3 加尚村家庭股份合作林场利益相关者分析

在当地社区管理者方面,根据章程加尚村民委会员对家庭合作林场接受加尚村党支部、村委会和林业主管部门的业务监督和指导,但不属于集体经济组织,因为家庭股份合作林场独立核算,并设立单独账本。为了引入第三方监督,林场监事会聘请本村干部或有关人员作为监事会的成员。由于没到采伐时间,未有任何收益,非林场的股东农户持观望态度,但表示如果政策好,也希望能够加入合作林场。

林业部门方面,在加尚村股份合作林场成立的过程中,林业部门提供实施方案的制定、章程的制定,以及营林、造林方面相关技术上的支持。其中所在乡镇——拿口镇林业部门表示加尚村股份合作林场的发展还处于初级探索阶段,但国家还没有一个完整的政策框架,成员也还没有真切体会到具体的优惠政策,从一定程度上将影响农户的积极性。

工商部门方面,由于加尚村股份合作林场只在林业部门备案而没有到工商部门登记注册,这将影响到其进一步的发展或扩大生产和木材林产品的加工。

林产品收购商方面,由于加尚村股份合作林场以木材林产品为经营对象,其消费者多为木材加工企业。

融资部门方面表示,股份合作林场比单户农户贷款要容易。加尚村股份合作林场也表示,若需要融资贷款时,经股东大会讨论同意,用部分山林进行抵押贷款,相对以往单户经营进行的抵押贷容易,可为林场扩大经营、提高效益。

8.3.4 加尚村家庭股份合作林场发展环境因素分析

市场前景方面,加尚村家庭股份合作林场所在的邵武市(县级市)福建重点林区和四大林产加工中心之一对原木的需求量非常大,加尚村家庭股份合作林场将具有很大潜力。

现有政策方面,虽然2009年出台的《中共福建省委 福建省人民政府关于持续深化林改建设海西现代林业的意见》提出:"引导林业经营者在产权明晰的基础上,通过股份合作等方式,组建林业合作经济组织,促进林业规模经营、集约经营"。但目前加尚村股份合作林场所在县(市)区域也没有专门针对股份合作林场的相关政策,更多的是倾向于合作社的政策,优惠面较窄,对家庭合作林场、林业协会、股份林场等没有优惠政策。如合作社法是属于分业立法模式,其调整的对象特指合作社,即"在农村家庭承包经营基础上,同类农产品的生产经营者或同类农业生产经营服务的提供者、利用者,自愿联合、民主管理的互助性经济组织",并不包括家庭股份合作林场等其他家庭林业合作组织。因此,加尚村家庭股份合作林场的发展还处于"政策真空"状态。

8.3.5 存在问题分析

8.3.5.1 法律和市场主体地位问题

由于加尚村家庭合作林场没有进行工商注册和税务登记,暂时还不是合法的经营实体,不具法人资格,遇到矛盾和问题时难以解决,不符合长远发展的需求,因此,建议该合作林场积极寻求政府、工商、税务等部门的支持,在获批减免因工商注册而需要缴纳的所得税的情况下,注册成合法的经营实体。

8.3.5.2 规模偏小

当前加尚村家庭股份合作林场的规模尚小,只涉及到 10 户家庭,共 6 股,占加尚村农户 435 户的 2.3%。林场面积为 163.4 平方千米,占加尚村林业用地面积 3033.3 平方千米的 5.4%,其中入股折价现金最大的为 57 万元、最小的为 16 万元。由于加尚村家庭股份合作林场的合作机制或成员机制使得它很难扩大规模,面对未来可能更加激烈的竞争,将难以适应更大的市场,而且仅从事初级木材林产品的生产获利空间有限。

8.4 小结

通过第 5 章构建的制度分析框架,分别对抚顺县红顺中药材种植专业合作社、二都村竹业协会和加尚村家庭股份合作林场以上三种典型家庭林业合作组织制度进行微观、中观和宏观的制度评估和比较,认为三种类型的家庭林业合作组织运行上与现有规定存在一定的偏差,运行还不够规范。相比较而言,抚顺县红顺中药材种植专业合作社虽然运行更加复杂,但得到外部利益相关者的支持较大,发展制度环境也比较良好。二都村竹业协会的运行制度相对比较简单,同样也获得了良好的外部利益相关者和制度环境的支持。加尚村家庭股份合作林场规模小,运行制度更加简单,但外部利益相关者的支持不如前两者,发展制度环境的供给更是处于缺失状态,缺乏相应的优惠政策。

第9章 家庭林业合作组织多样性选择研究——基于交易费用的范式

9.1 引言

在集体林权制度主体改革后,集体林区家庭合作行为及其组织呈现出多样化发展态势,涉及到了不同的林产品、不同类型的合作组织属性。但目前我国家庭林业合作组织发展政策单一、缺乏针对性,加之一些地方在选择发展什么类型的家庭林业合作组织中脱离当地资源和要素禀赋等实际状况,导致了实践工作中存在盲目性、缺乏科学性、运行和管理缺乏规范性等严重问题。这一章将运用交易费用的范式,对林业专业合作社、林业专业协会和家庭股份合作林场三个典型类型的家庭林业合作组织选择问题进行分析。为了更好地说明问题,也将引入其他的合作行为和方式进行比较,以揭示在我国当前家庭林业合作组织发展的初级阶段当中,家庭林业合作组织多样化选择的机理或规律。期望为引导家庭合作以及为家庭林业合作组织的发展提供科学的理论依据,以规范家庭林业合作组织运行,避免家庭林业合作组织发展实践的盲目性。

9.2 集体林权制度主体改革后林权结构与影响

9.2.1 集体林权制度主体改革后林权结构的形成

根据产权理论,产权的构成普遍归结为四种基本权利,即所有权、使用权、处置权和收益权。自集体林权制度主体改革实施以来,各地集体林区通过不同的途径明晰了农村集体林的产权。在林地所有权为集体持有不变的基础上,各地围绕着"分与不分,分什么,怎么分"来进行林地林木资源产权配置,在实践过程中主要形成了以下两大类型产权配置结果。

一类是在林地所有权为集体持有不变的基础上,大部分农村选择以家庭承包经营为基础,明晰林地资源的经营权(使用权)和林木的所有权,及其让渡权(处置权)和收益权。这一类型类似农业家庭联产承包责任制的做法,延续了林业"三定"时期的改革。

只是在"分山分林"过程中,具体分法由村民集体协商决定。因此,各地的实践也就形成了林地林木资源计划配置的不同结果,例如均山制形成了农户之间相对平均的林地林木资源分配情况,抓阄法形成了农户之间存在差异的林地林木资源分配情况。

另一类是在林地所有权为集体持有不变的基础上,一部分农村同样选择以家庭为基础,但只明晰集体林的收益权,具体通过对集体林资源进行共同折价入股,集体经营,并以此作为农户收益分配的形式,系典型的"分股不分山,分利不分林"模式。这一产权结构类型在集体林权制度主体改革过程中的具体形成具有复杂的社会、经济和文化等原因,这里不做具体的分析。

9.2.2 集体林权制度主体改革后产权的影响

集体林权制度主体改革形成了以上两种产权结构类型后,很大程度上都产生了积极的影响。

一方面,明晰的产权为农户可能的合作提供了良好的产权基础,当前各地形成的不同形式的家庭林业合作组织已经对此做了很好的阐释。这次集体林权制度主体改革为农户合作经济组织的产生提供了最基本条件,这实际上是集体林权制度主体改革使得林地林木资源能够自由流转。同时,集体林权制度主体改革后,农户或家庭作为经营主体,对林业生产要素的需求,以及成立家庭林业合作组织的成本利益比较结果,直接促进了家庭林业合作组织的形成。可以这么说,集体林权制度改革所形成的管制、放松以及竞争的局面,从一定程度上促进了各种合作的需求(孔祥智等,2008)。

另一方面,明晰的产权使农户的交易成本降低成为可能。根据科斯第三定理,当交易费用为正时,明晰界定的产权将有利于减少人们在交易过程中的成本,提高效率。换句话说,交易成本如果存在,但缺乏产权的界定和保护等规则,即不存在产权制度,那么就不容易开展产权的交易,并提高经济效率。通过政府选择某个较优的初始产权安排,就有可能使福利在原来的基础上得到改善,而且这种改善可能是由于在其他初始权利安排下进行交易所实现的福利改善。这就是集体林权制度主体改革最为积极的和重要的作用,由于集体林权制度主体改革以来,仅仅是权属结构产生了相关的变化,但是农户的森林经营和森林培育技术并未获得相应的改善,在当前的农村森林经营水平下,农户或家庭的林业平均生产成本还很难有较大幅度的降低,因此,交易成本的降低对农户收入的提高就显得尤为关键了。

9.3 交易特性与既定制度下交换成本分析框架

9.3.1 交易特性的三个分析维度

威廉姆森指出,市场交易行为是由交易维度来限定的,交易不同的主要维度是其不确定性程度、资产的专用性以及交易的频率,其中资产的专用性是最为重要的交易维度(Oliver E. Williamson,1984)。

交易的第一个维度是资产专用性。专用性资产是指为支持某种特殊的交易所进行的持久性的投资,专用性资产一旦进行投资就很难将其转移到其他用途上。交易如果过早地被中止,那么所投入的专用性资产就有可能得不到补偿。因此,资产的专用性越强,就越需要使交易双方形成一种稳定而持久的契约关系。专用性资产主要有三大类:资产自有的专用性、人力资本的专用性和资产选址或地理的专用性。资产的专用性实质上是衡量某一资产对交易的依赖程度。具有专用性资产投资支撑的交易既不是匿名进行的,也不是在短时间内就能完成的,为了支持并完成这种交易,便会出现各种不同的组织保护措施与合同。

不确定性是交易的第二个维度。奈特认为,如果不确定性完全不存在,每个人都能知道相关变化的全部信息和知识,那么就没有必要存在任何对生产活动的控制和具有管理性质的活动了,甚至也将不存在任何现实意义上的各种市场交易。但是,在现实世界的经济活动当中,随时随地都可能会发生各种不确定性(Frank H. Knight,1921)。通常认为,交易双方在交易的过程中既要面对源自双方行为的多种不确定性,还要面对来自外部环境的不确定性。环境或市场的不确定性系指市场将来情况的不确定性,例如,人们不容易准确预测产品未来可能的数量、价格和质量等各种状况。行为上的不确定性是指由于策略性地掩盖、隐瞒或歪曲信息等机会主义行为而导致的不确定性。在各种不同的交易中,不确定性的影响和约束交易的程度也是不同的。在一次性交易中不确定性的影响往往相对较小,而在长期交易中,不确定性的影响通常较大。交易不确定性的存在就意味着交易的决策必须是连续性的、适应性的,以及存在弱化这种不确定性影响的相应规制结构。

交易的频率是交易的第三个维度。交易频率在时间的连续性上表现出了交易的情况。交易频率可分为经常、数次和一次性三大类。发生交易的频率是影响交易成本和收益的关键因素之一,因而它对选择什么样的组织制度也有着重要的作用,主要表现在设立某种特定交易规制结构所消耗的费用能否得到弥补或补偿上。经常性发生的交易比一次性的交易更加容易弥补交易规制结构的形成及其运行成本,相应地降低交易成本。

可以看出,在现实世界中的交易是不可能存在新古典经济学所假设的完全竞争环境中进行的,资产专用性程度、不确定性程度及交易发生的频率都会独立地或相互地影响到交易行为。在不同的交易维度下,会产生交易的不同形式的契约行为和规制结构。

9.3.2 既定制度下交换成本分析框架

测量在既定制度下每一笔交易费用的方法之一就是测量其交换成本,它需要弄清楚具体交易中获得的商品、交换的形式、交易当事人的特征和交易环境状况。这种方法就是通过选择并具体详细描述某些交易以便于测量在发生交易时所出现的货币费用或时间消耗等。

卢现祥和朱巧玲(2007)将交换成本定义为：在某种制度环境 m 下，即在特定制度中，交易当事人 i 采用既定的交换方式 j 获得某种商品 A 而所消费的总资源——货币(Money)、物品(Goods)和时间(Time)等的总机会成本，一般可以用下面的函数式表示为：

$$C = f(M, T, G, \cdots, N) \tag{9.1}$$

式中：

C——表示总机会成本；

M——表示货币的消耗；

T——表示时间的消耗；

G——表示物品的消耗；

N——影响总机会成本 C 的自变量数量。

所以，交换成本就是当事人所发生的特定交易费用和生产费用的总和。虽然不能将这些费用直接分解为生产和交换两个部分，但是在比较分析中这种方法将集中关注区别交易费用所产生的总结果。该分析框架注重当事人在一定的制度环境下寻求采用某种具体交换方式或行为，例如，通过实物报酬或者货币，正式合同或非正式安排等所形成的机会成本。

9.4 农户合作行为多样性选择的交易理论分析

9.4.1 农户合作行为的多样性

在实践中，农户合作行为的选择所呈现的多样性通常表现在与谁合作，以什么形式合作，以及合作经营的林产品对象是什么这三个方面。从与谁合作方面来看，有与林业企业或公司的合作、与所在农村社区的村集体组织的合作，以及与其他农户之间的合作。从以什么形式合作来看，有以合作社形式的合作、以股份形式的合作，以及以协会形式的合作。从合作经营的林产品对象来看，有以非木材林产品为经营对象的合作、以木材林产品为经营对象的合作。结合以上三个角度，实践中农户常采用的合作行为可以分为下面三大类型以及这些类型所覆盖的一些形式。

9.4.1.1 合作社形式

合作社这种合作形式，是农户严格按照合作社的规制与结构来运作的合作形式。在目前的林业实践中，以木材林产品为经营与交易对象的严格意义上的合作社还比较少,更常见的是以短周期林产品,如笋、竹、林果、林药等为经营与交易对象的非木材林产品的林业专业合作社。

9.4.1.2 协会形式

协会这种合作形式,与股份合作和合作社的性质不同,协会是为同类林产品生产、加工和销售的某些或某个环节提供一些有限的服务,但它是一种不参与营利性经济活动的非营利性的农户合作行为,而且通常是以服务比较单一的专业协会的形式进行合作。因此,在实践中不管是以木材林产品为经营对象,还是以非木材林产品为经营对象的相关合作,都有以协会的形式出现的。

9.4.1.3 股份合作形式

股份合作这一类型涉及到了很多种形式,包括社区股份合作(即常见的集体经营的股份合作林场)、家庭的股份合作、"公司+农户"的股份合作、"公司+家庭林业合作组织"的股份合作。需要指出的是,这些股份合作中的股份不同于公司法意义上的标准的股份。尽管有些存在股份票证,但仅能作为农户的收益凭证,不能够像股份公司那样上市和流通,更何况大部分股份合作是没有股份票证的,而通常是以合同这种契约的形式,有的甚至是以非正式契约的形式来明确农户的利益份额或者分配标准,因此,从某种意义上也可以理解为合作收益的分成制。

其中的社区股份合作,也有称为社区经营的或集体经营的股份合作。它是农户与村集体之间的合作结果,因为在这次集体林权制度主体改革实践中,部分农村社区依然有愿意选择"分股不分山,分利不分林"的林权配置形式,即放弃林地资源的经营权,仅明晰林地林木资源的收益权,由村集体统一行使经营权。

"公司+农户"的股份合作是农户与营林企业或公司之间的合作结果,农户通过让渡其林地资源的经营权,由营林企业或公司去经营,合作收益按合同契约所规定的份额进行分配。"公司+家庭林业合作组织"的股份合作同样是农户与营林企业或公司的合作结果,只是这里的家庭林业合作组织充当农户与公司合作的中介或桥梁。

家庭股份合作则是少数的农户或家庭之间的合作结果,与以上提及的社区股份合作以及有营林公司或企业参与的股份合作所不同的是,合作过程中不向外部放弃和让渡林地经营权,即通过少数农户之间的共同规划、决策、销售或加工木材林产品,各项林地经营活动还掌握在这些少数农户股东手里。合作利益则以农户原有的林地林木、资金和人力作价后的股份比例来进行分配或分成。

9.4.2 农户合作行为多样性选择的交易特性分析

9.4.2.1 林业生产资产的高度专用性

在森林经营过程中,相应的资产专用性主要涉及到三个内容:林业用地资产的专用性、林地资产的地理区位具有的专用性和营林生产的人力资本专用性。

林业用地资产的专用性。根据《森林法》的第四十三条的规定:"未经县级以上人民政府林业主管部门审核同意,擅自改变林地用途的,由县级以上人民政府林业主管部门责令限期恢复原状,并处非法改变用途林地10元/平方米至30元/平方米的罚款。临时占用林地,逾期不归还的,依照前款规定处罚。"因此通常情况下林业用地不能随意改变其林业生产的专门用途。

林地资产的地理区位具有的专用性。林地资源是具有明显的地理区位范围,如果跨越这个地理区位,土地的用途可以发生改变,可以不局限于林业生产的用途,例如在平地或平原地区可以开展农业等其他产业领域的经营生产活动。

营林生产的人力资本专用性。一般情况下,相对于只有传统森林经营与培育方法的农户来说,他们并不具备这一人力特性,因为他们的劳力可以随时转移到其他产业的生产经营活动上。但是相对于拥有先进的森林经营方法和森林培育技术的专业研究人员和技术人员来说,他们则具有很高的人力资产专用性,因为这种林业技术不一定适用于其他产业或领域,这种具有专用性的人力资产通常集中在科研院所、林业企业或公司以及林业相关部门。

如果林业生产者通过以上具有高度专用性的林业生产资产进行了持久性投资,为了安全顺利地完成交易,防止交易可能被过早地结束,因为如果过早终止交易,已经进行了长期投资的具有高度专用性的林业生产资产就很难转移到其他产业的生产用途上,因此这就需要交易双方形成一种持久而稳定的契约关系。

这种持久而稳定的契约关系在目前的农户合作实践中主要有两个重要的特征:合作的退出具有一定隐性的或者显性的约束性,契约具有较长的时效性。

先以社区或集体经营的股份合作为例,来阐析这种契约的两个特征。由于社区或集体经营的股份合作只明晰农户的收益权来作为成员收益的依据,但并没有对农户退出合作进行过明确规定,如果农户在合作过程未完全实现时就选择退出,其不仅相当于选择了放弃自己应有的股份收益,而且也不会因为退出而单独获得林地资源的经营权和林木资源的所有权或者相当的补偿。因为在这一类的林权初始安排中并没有明确农户的关于林地资源的经营权,或者没有相应的退出机制或合适的退出补偿。而且在传统的农村社会中,农户个体的退出行为可能被社区视为不合群或离群的个体,有可能在日后的农村生产生活中得不到社区其他成员的帮助,这就是传统农村社区价值观。经过退出与否的权衡,农户更愿意选择不退出。可见,这种合作制度的安排具有一定的退出约束性,可以视为隐性的或非正式的契约约束,从而保证集体与农户的持久性契约关系,有利于集体对林业专用性资产的稳定性投入。

再如农户以林地资源经营权入股形成的"公司+农户"的股份合作,以及"公司+家庭林业合作组织"的股份合作,农户将林地转让给林业企业或公司经营,农户获取林业企业的收益分成,并通过成为该企业的基地雇工取得工资性收益。这种选择关键是因为林业企业拥有掌握先进的森林培育和经营技术的专用技术人员,相对于农户能够大大提高效率和森林的产出。但这种具有高度专用性的人力资产在减少生产费用的同时,又增加了交易费用,即营林资产的专用性程度越高,生产费用越低,但交易费用却提高了。因此,交易双方就需要相互调节和互相作用,直到形成稳定而持久的契约,如图4－2两条曲线的交点A,其中横轴表示营林资产专用性(Specificity)程度S,纵轴表示单位成本C,pc表示生产费用(production cost)曲线,tc表示交易费用(trade cost)曲线。为了提高安全顺利完成交易的可能性,林业企业不得不与每一个农户签订尽可能详细的合同,明确途中退出,即违约的具体责任或惩罚,规定退出的约束条件,可以将这种约束视为显性或正式的契约约束。同时要求契约的时效均在一个轮伐期或以上,如十几到上百年不等,以防为了支撑交易而进行专用人力等资产的长期投入得不到补偿。

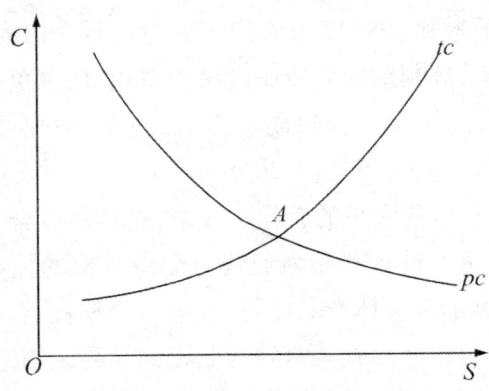

图9－2　林业生产资产专用性与合作契约的形成

9.9.2.2　来自森林经营的交易不确定性

林业与其他产业不同的一大特点就是森林经营周期比较长,经营过程中不可控的和潜在的风险多而且大,最为突出的就是自然灾害,并给市场和交易双方带来各种不确定性。例如,自然灾害的难以预测,很容易形成人们对未来林产品数量、质量和价格的不确定性。

在这些不确定性面前,对于单户农户家庭而言,他们只能被动接受这些交易风险或不确定性。但农户可以通过让渡林地资源的经营权,转嫁大部分这些不确定性所带来的市场风险。因此,在当前的很多实践中,农户通常不会直接选择订单型的合作形式,而是选择以让渡林地经营权为契约基础的合作行为,例如,集体或社区经营的股份合作、"公司＋农户"的股份合作和"公司＋家庭林业合作组织"的股份合作。因为农户所选择与之合作的这些组织更容易收集与甄别信息,并较快地做出决策,以减弱各种不确定性。它们之间的不同之处,就是因为家庭林业合作组织的参与和组织的力量,"公司

+家庭林业合作组织"的股份合作,相对于"公司+农户"的股份合作,更加能够弱化由于信息不对称所引起的机会主义行为,或其他不确定性。

9.4.2.3 生产周期决定的交易频率

交易频率是指单位时间内的交易次数。较长的森林经营周期决定了较高的交易不确定性以及较低的交易频率,特别是木材林产品,由于目前农村和农户的森林经营基本上没有进行森林经营方案编制,不可能保证每户农户每年都有成熟龄林分收获,即不能确保每年都有木材产出——这是与大多数农产品生产最大的差异,有可能导致无法弥补因设置某种类型的交易规制结构所消耗的成本。这样就很容易解释在农户实践中为何很少出现以木材林产品为经营和交易对象的真正意义上的合作社,而实践中普遍存在的是各种形式的股份合作,以及提供专门服务的不进行林产品交易的林业专业协会,例如,江西省截至2009年末所成立的11004个森林防火、防盗、防虫"三防"协会,涉及集体林面积452万平方千米和198.42万农户。因为这些合作形式简单、容易运行和操作,不需要因设置某种交易规制结构而造成高昂的费用,所以更加容易得到补偿。而合作社这种形式,与企业相比,则是一种高成本的组织,这种成本是与合作社这类特殊的制度安排直接相连的成本(杨云,王义伟,2005)。

与木材林产品不同,在目前农户的合作实践中,更容易以合作社的合作形式出现的是以笋、竹、林药、林果等非木材林产品为经营与交易对象的林业专业合作社。因为这类林产品的生长周期相对于木材林产品要短,社员与合作社、合作社与林产品收购商的交易频率都比较高,虽然合作社形式具有较为紧密的交易规制结构和制度安排,但其经营的林产品对象的交易频率较高,容易补偿这些交易费用。

9.4.3 既定制度下农户合作行为多样性选择的交换成本分析

要充分地完成或进行一项木材林产品的交易,目前有关市场交易的制度环境还比较复杂,包括采伐和销售等交换前后的各种指标申请与办理等各种手续,这些指标的申请有时还需要进行分配、协调和时间,而且木材林产品的交换前后还需要消耗大量人力劳动及时间。按照交换成本的定义,及上述的既定交易制度环境(m)下,农户(i)采用自己行动的交换方式(j)来获取货币收益,那么他所消费的资源的总机会成本(C)就可以通过(4.1)式拓展为下面函数表达式:

$$C = F[M(s,f), T, G(k,y), L] \tag{9.2}$$

式中:

M——表示货币,是交换过程中所缴纳的税(s)和费(f)的函数;

G——表示物品,是交换过程中所消耗的砍伐(k)和运输工具(y)的函数;

T——表示交换过程中所消耗的总时间;

L——表示消耗的人力劳动。

通过观察(9.2)式,可以看出木材林产品交易在目前既定的制度环境下,农户采取自己行动的交换方式,承担了以上全部交换成本,设为 C_1,且 $C_1 > 0$。如果将这些交换成本完全由木材林产品购买商去承担,加之单个农户的议价能力弱,那么很容易导致农户的木材林产品售出价格较实际价格有较大的偏低。

现在考虑农户采取下面的合作行为:

如果农户通过选择完全让渡或者放弃林地经营权这种合作行为,包括社区或集体经营的股份合作,"公司+农户"的股份合作和"公司+家庭林业合作组织"的股份合作,即农户自己不参与林地的各种经营决策和实施等,通过合同形式交由合作林场、营林企业或林业公司去规划、决策、经营管理及销售,农户只参与合作收益的分成,或者还可作为林场的雇工获取工资。此时农户承担的交换成本为 C_2,且 $C_2 = 0$,而与之合作的林场或企业则承担了农户的全部交换成本 C_1。对于缺乏资金、劳力、技术和时间而无力经营的家庭而言,如常外出务工或对林地依赖性不大的农户等,这是较优的选择。

如果农户选择家庭股份合作形式,即少数农户之间进行林权的再联合,而不是向外部完全让渡和放弃林地经营权。那么这些少数的农户之间依然可共同参与森林的经营管理和木材林产品的销售,只是将其林地林木资源作价后所占的比重设为股份,并在合作林场合力规划决策、提供服务的情况下,共同经营,共同销售木材林产品,最后按股分利。在这种合作行为下,组建的家庭股份合作林场承担了多数交换成本,而农户个体承担的交换成本为 C_3,且 $C_3 < C_1$。因此,拥有一定林业生产资本的,但为了促进经济规模、提高竞争力并具有良好关系的农户或家庭通常会采取这种合作行为。

9.5 小结

这一章主要通过产权理论和交易费用理论分析了目前实践过程中农户合作行为多样化及其如何选择的问题。分析结果认为:①农户合作行为多样性及其选择的问题,可以通过资产专用性、不确定性和交易频率三个交易维度和既定制度下的交换成本这两个分析框架来分析其交易费用。农户会针对自己实际的林业生产资本情况,通过选择不同的合作形式或行为来降低完成林产品市场交易的费用。②木材林产品交易具有资产专用性高、交易不确定性大和交易频率低三个比较明显的特征。这三大特征主要源自森林经营资产的高度专用性、森林经营过程难以预测的风险性和森林经营周期的长期性。在这三大特征的共同作用下,单个农户真正完成林产品市场交易的费用比较大。③现有不同形式的家庭合作行为也是农户根据目前林产品交易制度环境的选择结果,有其现实的合理性,其关键是能够减少农户进入和完成林产品市场交易的费用。

因此,分析结果不同于简单强调合作社,而忽视其他合作形式的观点。分析认为,在实践过程中,可以根据不同的林产品类型和农户的合作偏好来进行合作引导,而政府部门侧重于为不同形式的农户合作提供足够的发展制度空间。就我国农村当前的森林经营水平看,各种形式的股份合作比较适合于以木材林产品为经营与交易对象的合作。其中,让渡林地经营权类型的股份合作比较适合兴趣不在于林业生产的或缺乏营林资本的农民,而家庭股份合作则适合具有一定林业生产资本的大户农户。以短周期的非木材林产品为经营和交易对象的家庭之间的紧密合作可以采用合作社的形式。

第10章 家庭林业合作组织发展路径与对策

结合前几章的分析,这一章将集中探讨我国家庭林业合作组织发展的路径和发展对策的问题。从近期或现阶段看,根据不同地区的发展程度,主要是促进合作与规范合作,以及提高现有形式的家庭林业合作组织的经济实力,加强家庭林业合作组织的能力建设。从长远看,需要考虑从根本上保障家庭林主的权益,发挥家庭林业合作组织的其他作用。

10.1 家庭林业合作组织发展路径

在国外发达国家或者地区,其完善和发达的林主合作组织体系并不是在短时间内就发展形成的,而是长时间经历了基层林主合作组织的产生、尝试与发展,再逐渐成立与发展各个层次的综合性林主合作组织。目前,随着我国集体林权制度改革的深化,我国集体林区的林业正处于关键的转型阶段,加上政策的促进,各个地方的家庭林业合作组织发展迅速,但有必要讨论我国家庭林业合作组织发展的可能路径或各个阶段及重点任务。

10.1.1 促进合作与规范运行阶段

这一阶段的重点任务是激励农户根据自己的实际情况开展合作,促进森林经营与林业生产。来自国家林业与草原局的信息显示,目前我国加入林业专业合作社的家庭社员仅占获得林权证总户数的9%、经营林地面积只占集体林地总面积的2.7%。从整体情况看,国家对林业专业合作社的扶持政策还没有全面惠及林业领域,林业专业合作社发展缓慢。因此,认为在这一阶段可以通过"内在需求——外部供给"的形式构建基层家庭林业合作组织,并规范各类家庭林业合作组织的运行机制,使集体林区家庭的收入有所提高。当前这个阶段还难以像国外发达国家的林主合作组织那样,拓展新业务、新领域,参与林业政策实施进程。因此,这一阶段政府的重点任务可以放在诱导与激励家庭合作的制度供给,并提供家庭林业合作组织多样化发展的制度空间。

制定《家庭林业合作组织建立与管理办法》,重点鼓励多种形式和规范的家庭林业合作,形成集体林区农村能人和带头人的重点培养制度。形成家庭林业合作组织多样化选择机制,切实根据集体林区的林情、村情和行情,科学合理地组建林业专业合作社、家庭股份合作林场和林业专业协会等多种形式的家庭林业合作组织,并制定不同类型的家庭林业合作组织示范制度。制定家庭林业合作组织监督和评估的工作机制,促进家庭林业合作组织的现代化科学管理,进一步提高家庭林业的有效组织化程度。

10.1.2 经济实力与能力增强阶段

在促进合作与规范运行阶段之后,以进一步增强家庭林业合作组织的经济实力与能力为重点。到这一阶段,各家庭林业合作组织基本上完成了原始积累,在此基础上,可以不断推动家庭林业全环节升级、全链条增值,延长家庭林业传统产业链,融入供应链,提高初级产品的加工率,提高庭林业在林业全产业链中的参与程度,提升其林产品的价值增值能力。鼓励家庭林业合作组织在林业产业链上进行横向联合,鼓励引导两个以上的林业专业合作社之间因区域或者业务的关系成立联合社;帮助各类林业专业协会之间扩大地域和服务规模,联合成立行业协会。在林业产业链纵向上,不局限于林产品初级产品的生产合作,延长林产品的价值链,让合作组织成员获取更多林产品的附加值。扶持符合要求的家庭林业合作组织自办林产品加工企业。生产和服务规模不断扩大,林业生产集约化不断提高,家庭的林业收入得到较大的增长,并通过家庭林业合作组织经济实力的增强以及合作组织现代化的发展,带动集体林区乡村的产业兴旺。

10.1.3 社会影响和作用扩大阶段

这一阶段集体林区家庭林业现代化发达程度高,当地家庭林业产业兴旺发达,家庭林业合作组织等各类新型经营主体具有了很大的实力和能力,将成为全面实现集体林区乡村振兴的重要力量。这一阶段家庭林业合作组织的影响和作用将大大提高。该阶段需要形成当地家庭林业合作组织参与集体林区乡村公共服务,参与发展农村生产生活和文化服务业,参与当地生态建设和林业推广项目的体制机制。让当地家庭林业合作组织不仅成为当地"金山银山"的经营者,更要成为当地"绿水青山"的守护者。让家庭林业合作组织成为重振乡村文化的排头兵,成为森林文化、生态文化的继承者和发扬者,通过家庭林业合作组织参与建设"森林村庄"和"生态文化村",重振文化促乡村发展,全面实现集体林区的乡村振兴。

10.2 家庭林业合作组织现代化发展对策

10.2.1 建设现代化的家庭林业合作组织系统

建立从社区到地区再到国家多层级的现代化家庭林业联合组织系统。以社区或地方的家庭林业合作组织为成员单位,建设地区性的家庭林业联合组织,再发展国家层级的家庭林业联合组织,作为家庭林主与国家林业产业政策的桥梁,代表家庭林主利益,并融入国际家庭林业联盟,参与国际林产品贸易和利益谈判。

10.2.2 培育现代化人力资源

加强专业人才队伍的培养力度。支持家庭林业合作组织开展"林间学校"建设,鼓励家庭林主现代林业专业知识的学习,形成家庭林主林业职业教育与培训体系;全面建立新型职业农户的制度,让新型职业农户成为让人羡慕的"绿领",让务林成为体面的职业;培育家庭林业合作组织的职业经理人,鼓励并吸引包括城镇的各类人才和大学毕业生在家庭林业合作事业上大显身手。

10.2.3 家庭林业合作组织信息化建设

加强家庭林业的信息化建设,为家庭林业合作组织成员建立基于不同移动终端的区域性林业服务综合平台,开发基于不同智能手机系统的家庭林业服务应用;支持"互联网+家庭林业合作组织"建设,全方位促进新型林业经营主体与互联网产业和信息技术深度融合。提升家庭林业合作组织的经营服务能力,通过与社会化服务机构等为家庭森林经营方案提供精准的和专业的"私人订制"服务。

10.2.4 家庭林业合作组织品牌化建设

加强地区家庭林业合作组织联盟的品牌建设。将其纳入地区或国家品牌计划,统一各成员林产品品牌,挖掘和塑造地方林产品品牌文化;通过实施品牌战略,寻求竞争优势,运用品牌效应,以获得更多的市场关注度;加强家庭林业合作组织的能力建设,提高家庭林业合作组织的管理能力、商业规划能力和现代营销能力;发展以家庭林业合作组织为单位的森林认证(团体认证)事业,提升家庭林业品牌竞争力,开拓家庭林业产品的国际市场。

10.2.5 多渠道融资体系建设

通过建立多渠道的融资体系来满足家庭林业合作组织及其成员开展林业生产资金的需求。多渠道及宽松的融资体系有利于缓解短期内农村林业生产资金的稀缺程度,有利于改善家庭林业合作组织股利优先的利益分配结构,促进家庭林业合作组织更加合理的利益分配机制。这些融资渠道可以包括金融机构的贷款、家庭林业合作组织的自有资金、国家和地方政府的财政资金以及社会的各种捐赠等等。例如美国的林主协会经费中会费仅占5%,其余为社会各种捐赠和业务经营收入。北欧的林主协会的只有20%的经费来自于会费,其他的来自业务经营收入(张德成等,2009)。

金融机构的贷款,以林权抵押贷款为主,这一渠道目前作为集体林权制度改革配套措施正在开展实践。该类型融资应当以政策性贷款为主,在利息和期限等方面区别于其他商业性贷款,给予相应的优惠。家庭林业合作组织自有资金,包括了林业专业合作社的出资、林业专业协会的会费、家庭股份合作林场的股金,以及家庭林业合作组织的各种经营收入。为了激励成员自筹资金,可以灵活地设置股金分配的比重。国家和地方政府的财政资金,包括补贴、奖金、固定专项资金和项目实施资金。建议国家和地方政府的这一融资渠道可以建立灵活的进入和退出机制,在家庭林业合作组织发展初期可以采取宽松政策,放宽这一资金的申请条件(包括放宽申请条件和申请资金量)。当家庭林业合作组织发展进入能够自我供给的轨道上时,即家庭林业合作组织发展进入经济实力增强阶段后,政府部门可以采取紧缩政策(严格申请条件和申请资金量),甚至选择逐步退出的机制。

社会捐赠,可以包括实物和资金,实物包括家庭林业合作组织的固定基础设施等。资金可以来自与之合作的相关企业、慈善组织或机构,以及个人等等。

10.2.6　家庭林业合作组织森林保险制度建设

我国人多林地少,人均森林经营规模小,一旦发生大面积的森林灾害通常涉及到的不仅仅是单个农户,受灾面积都是连片带户的规模。因此,林业专业合作社(或协会)的成员可以通过林业专业合作社(或协会)填写,或者家庭股份合作林场直接填写投保申请书和保险单,缴纳保险金,由家庭林业合作组织报送县级林业主管部门,通过认证后,报送森林保险组织,经森林保险组织审核,签发保险单给这些家庭林业合作组织。索赔程序也是由家庭林业合作组织编制林木损失报告和索赔申请表后提交报送,经森林保险组织审核后拨付保险款。

10.2.7　家庭林业合作组织产业扶持政策体系建设

研究认为,在财政和税收优惠政策方面,更多的注意力倾向于林业专业合作社,例如,专门针对合作社的《财政部 国家税务总局关于农民专业合作社有关税收政策的通知》(财税〔2008〕81号)中的有关税收优惠政策。而家庭股份合作林场虽不具备合作社性质,但它却是集体林权制度主体改革后当地农户实践中组织制度的理性选择之一,对我国农村林业目前的经营情况具有很强的适应性,但在发展过程中同样具有弱质性、积极的经济外部性和保障林业基础地位的作用,应该受到现有财政和税收优惠政策的重视。

国家和地方应依法设立专门财政资金,支持林业专业合作社、林业专业协会和家庭股份合作林场开展信息、培训、林产品质量标准与认证、基础设施建设、市场营销和技术推广、贷款的贴息和担保等等。在税收方面,首先免征所得税,对林业专业合作社和股份合作林场成员的股息、红利等资金收益免征个人所得税。其次是减免营业税,对林业专业合作社和股份合作林场的生产、销售自己的产品免征营业税和所得税,或者实行低税率。另外,减免增值税,对家庭林业合作组织所需的进口设备和技术免征关税及进口增值税。

10.3 加强家庭林业合作组织发展的政策环境建设

10.3.1 完善家庭林业合作组织发展的法规

目前各地各类家庭林业合作组织的发展多以《农民专业合作社法》为参考依据,而该法的调整对象只针对合作社这一合作形式,即"在农村家庭承包经营基础上,同类农产品的生产经营者或同类农业生产经营服务的提供者、利用者,自愿联合、民主管理的互助性经济组织",并不包括林业专业协会和家庭股份合作林场等其他家庭林业合作组织在内。相对于林产业而言,它对于农业领域也许具有较强的适应性,因为在立法过程中,由农业部门牵头,农业产业的特性也许在该法中得到了充分体现。

林业专业协会作为非赢利的合作组织,它的成立与发展则以《社会团体登记管理条例》为参考依据,而该依据只是条例,并没有上升到法律层面。家庭股份合作林场是具有企业法人的营利性组织,以《公司法》为参考依据。但这两者的参考依据都没有体现家庭林业合作组织的弱质性以及家庭的主体地位。《合作社法》还从法律上明确规定了对依该法登记的合作社法人的一系列政策扶持,使得林业专业合作社与其他家庭林业合作组织形式之间在优惠政策上进一步拉大差距。这并不是家庭林业合作组织的"政策失灵"问题,而是由于各类家庭林业合作组织了形式的"政策失衡"现象导致了当前需要政策支持的家庭林业合作组织形式在发展过程中得不到优惠,甚至出现了"政策真空"现象。

因此,本研究建议可以参考国家林业局《关于推进林业专业合作社的指导意见》,分别制定《关于推进林业专业协会的指导意见》和《关于推进家庭股份合作林场的指导意见》。因为它们分别具有不同的性质和适应性,可以针对不同地区、林产品或林业资源禀赋等实际情况,选择适宜当地农村需求和当地林业发展的家庭林业合作组织的形式及其指导政策。建议学习德国的做法,在其《森林法》中将德国林主协会做补充规定,在修订我国《森林法》时,将家庭林业合作组织也做补充规定,明确家庭林业合作组织的法律地位。

10.3.2 加强管理部门与干部队伍能力建设

各级林业主管部门作为家庭林业合作组织的重要利益相关者,要积极履行家庭林业合作组织发展的指导、协调和服务职能,不包办代办。在"自我需求——外部供给"的成立机制上,根据不同的家庭林业合作组织形式,提供服务和业务指导。同时,明确专门机构,配备专职人员,要充分发挥基层林业工作站与家庭林业合作组织相互合作与促进的作用。现阶段应重点开展家庭林业合作组织的试点示范、政策咨询、业务指导、宣传培训等工作。重点规范现有家庭林业合作组织内部运行机制,建立健全规章制度,完善监督机制建设,尤其是弥补林业专业协会的监督机制的空缺,进行规范化建设。另外,还可以制定《家庭林业合作组织发展中长期规划》,明确发展阶段和目标,逐步构建完善家庭林业合作组织体系,实现家庭林业合作组织现代化发展。

10.3.3 协调利益相关者并落实扶持政策

实地研究发现,很多家庭林业合作组织的管理者或负责人没有切实体会到相关扶持和优惠政策。因此,当前阶段还需要加大与发展改革、财政、工商、税务、金融、人事等不同利益相关者的协调及沟通,制定并落实各项优惠政策。积极争取国家对家庭林业合作组织开展林业生产、加工、流通、服务和其他涉林经济活动的各项优惠政策。通过财政支持、税收优惠和金融、科技的扶持以及产业政策引导等措施,促进家庭林业合作组织的发展。

10.4 小结

本章从近期和长远的阶段出发,认为我国家庭林业合作组织发展应遵循"促进合作与规范运行—经济实力与能力增强—社会影响和作用扩大"的发展路径。结合研究发现的问题,本章从组织系统、组织的人力资源、信息化、品牌化、融资体系、森林保险和产业政策等方面提出了家庭林业合作组织现代化发展的对策。最后从法规制度、管理部门人力队伍建设和利益相关部门等方面提出了加强完善家庭林业合作组织发展的政策环境问题。

第 11 章　结论与讨论

11.1　结　论

本研究以集体林权制度改革为主要背景,以新制度经济学的相关理论,结合典型案例分析,首先研究了家庭林业合作组织制度的内生机制问题,进而研究了典型家庭林业合作组织之间的制度差异问题,又研究了家庭林业合作组织之间多样化选择的问题,最后提出了家庭林业和组织者发展路径和发展对策。初步可以得出以下结论:

(1)集体林区农户非正式制度合作行为非常普遍,只有当农户自发组建运行家庭林业合作组织的交易费用足够低,使得农户通过家庭林业合作组织这类正式制度合作获得的预期总效用大于非正式制度合作获得的预期总效用之时,农村社区才会出现合作组织的内生动力,才能形成真正的"民办""民管"和"民受益"的家庭林业合作组织。

(2)林业专业合作社运行制度最为复杂,虽然内部交易费用较高,但拥有较好的外部利益相关者的支持,而且现有发展制度环境最佳;林业专业协会运行制度较简单,发展制度环境也比较良好,但对外部利益相关者的依赖性较大;家庭股份合作林场运行制度也比较简单,但外部利益向的支持和发展制度环境比较弱,甚至处于空缺状态。

具体而言,林业专业合作社当前的内部运行机制,目前非对称的治理结构具有其现实的合理性,因为具有经营管理技能的人力资本和资金资本在农村林业市场上非常稀缺,因此,在治理结构、分配机制和决策机制上倾向于林业专业合作社的经营管理者。但从长期来看,不利于社会公平这一组织目标的实现和农户权益的保障。在利益相关者方面,认为林业专业合作社的发展还需要不同类型和不同层次的利益相关者的参与,他们对林业专业合作社具有不同的态度、行为和需求偏好。在发展制度环境因素层面上,虽然从中央到地方都形成了良好的导向政策环境,但我国当前的林业市场经济下还难以自发产生林业专业合作社,还需要林业经济进一步深化改革,现有政策实施比政策本身更加重要,因此,还需要进一步夯实具体政策。

林业专业协会具有服务针对性强和较好的现实适应性等优点,但其缺乏有效的监督机制,其非赢利的性质决定了自我资金供给的困难,对外部依赖性强,以及功能单一,业务范围狭隘难以应对未来外部环境可能的变化、保障农户权益。内在运行机制方面,认为虽然当前零会费的治理结构在协会发展初期能够大大提高农户参与协会的积极性,但林业专业协会的运行缺乏有力可行的监督机制,容易影响林业专业协会的内在稳定性。在外部利益相关者方面,林业专业协会涉及的利益相关者相对较少,且契约关系较简单,但由于没有自收能力,导致其又严重依赖外部利益相关者,形成了林业专业协会的发展困境。在发展环境因素方面,认为林业专业协会的存在与发展就我国当前林业市场经济环境而言具有一定的合理性和稳定性,但从长期而言,随着我国市场经济的进一步开放,林业市场经济环境竞争将越加激烈,作为非营利性的林业专业协会的发展备受压力,难以保障农户的权益。

家庭股份合作林场从内在运行机制看,由于其潜在的不完全开放的成员机制,使其具有治理简单的成本低的运行机制,非对称决策和委托代理问题及股东异化程度不突出,利益分配机制简单等优点。从外部利益相关者看,区别于林业专业协会和林业专业合作社,其林产品消费者集中在木材林产品加工企业,这些企业的契约偏好同样倾向于家庭股份合作林场。至于非股东农户的潜在进入壁垒问题,与当前农村林业生产要素市场的不完善,如林业生产资金、优质人力资源等要素的稀缺程度和不能在农村林业市场自由流通相关。从发展制度环境来看,虽然木材需求旺盛和来自国内及国外的森林经营主体增多,都能促使更多家庭股份合作林场的产生,但同时也面临着市场竞争的压力,以及"政策真空"问题,功能单一,难以扩大规模。

(3)家庭林业合作的多样化主要是在当前林产品交易制度环境下农户关于交易成本的理性选择的结果。木材林产品交易具有资产专用性高、交易不确定性大和交易频率低三大明显特点。这些特点主要来自于森林经营资产的高度专用性、森林经营过程不可预测的风险性和森林经营周期的长期性。在这三个特性的共同影响下,农户进入市场的交易费用很大。因此,农户可以针对自己的林业生产要素实际禀赋情况,通过选择不同的家庭林业合作组织降低交易费用。

具体而言,林地条件好,但家庭经营林地规模不大,为了寻求林地的规模经营,在以木材林产品生产为主的农村,农户可以选择组建家庭股份合作林场进行合作,实现林地的规模经营。对于市场竞争激烈、行情不佳、销售压力大的林产品,以生产周期较短的非木材林产品为主的农村,农户可以选择组建林业专业合作社这类紧密型的专业合作组织,减少每户家庭的市场交易成本,以较高的交易频率实现较快的资本回报和盈余二次分配,并补偿较高的组织内部交易成本。农户也可以通过选择林业专业协会这类专业化合作服务的途径来实现"小规模经营、服务规模化","经营在户、服务在组织"的规模经营,由于其组织成本低,适合各类林产品属性的专业服务。

(4)家庭林业合作组织现代化发展应遵循"促进合作与规范运行→经济实力与能力增强→社会影响和作用扩大"的路径。组织系统现代化、组织人力资源的培育、组织信息化、品牌化、融资体系建设、森林保险制度和扶持政策体系建设是未来中长期需要加强的发展对策。同时,还要加强组织发展的法规、管理部门与干部队伍和利益相关者协调等方面的政策环境建设。

11.2 讨论

11.2.1 可能创新之处

本研究通过合作特征以及组织的要素,系统地规范了家庭林业合作组织的涵义和范畴,更加贴切当前集体林权制度主体改革后的实践,更加强调家庭之间的以自己为主体的合作组织。

本研究探讨了家庭林业合作组织的内生问题,区别于以往研究农户是否愿意"加入"合作组织的被动问题,而是强调了农户是否有成立自我管理家庭林业合作组织的意愿,更加强调了家庭农户作为集体林的新的经营主体的积极性和能动性。

本研究通过构建涉及家庭林业合作组织内部运行制度、外在利益相关者和发展制度环境三个逐层放宽的立体分析框架,系统评估分析了典型家庭林业合作组织的发展形势,认为该立体视角涉及的这三个层次相互影响、相互作用,具有一定的系统性,使研究结果更加具有说服力,不至于片面。

本研究强调了集体林区家庭林业产业和家庭林业合作组织的自身特点及特殊性。区别于农业领域的农民合作组织,认为家庭林业合作组织在交易频率上较低,收获制度较严格,但其潜在的林产品消费者较广。

本研究在现有家庭林业合作组织形式的基础上,从长远的视角出发,提出了家庭林业合作组织的多样化与阶段化发展取向以及家庭林业合作组织现代化发展的对策。

11.2.2 有待进一步研究的问题

本研究是对当前实践中典型家庭林业合作组织制度的比较、选择和发展对策问题进行的一个初步理论探讨和实践分析,可能还存在以下一些局限性或不足。

本研究并没有试图对不同形式的家庭林业合作组织的效益或绩效进行具体评价,因为要做到这一点,就目前来说还是比较困难的。在集体林权制度改革全面展开的背景下,作为深化改革的一项重要内容,很多家庭林业合作组织成立的时间并不长,加之林业产业特性、经济周期和经营周期不一样,涉及的林产品属性多样,组织本身的属性也不同,家庭林业合作组织成立初期还不能保证较高的交易频率,甚至一些家庭林业合作组织还没有更多的产出,产出数据的收集相当困难,对其效益或绩效还很难进行具体和统一的评价与比较。而且集体林权制度改革配套措施正在进行,各项农村改革也还在继续深化,这些作为家庭林业合作组织的发展制度环境,对家庭林业合作组织的影响还有很多不可估量的可能性。因此,关于家庭林业合作组织的研究将是一个长期的动态过程。如果可能,未来将构建相对统一的评价体系,针对家庭林业合作组织开展长期监测和评估,为有关部门进行科学管理与监督提供良好的基础。

　　本研究主要集中在构建理论分析框架,试图解释集体林区农户合作实践中的问题,虽然有典型案例做具体分析,但笔者认为研究还可以继续深入,包括开展大规模的调查,以村级数据为基础的实证研究,基于村情、林情和行情,建立更加准确的家庭林业合作组织多样化选择模型。

参考文献

[1] 埃里克,鲁道夫. 新制度经济学:一个交易费用分析范式. 上海:上海人民出版社,2006.

[2] 埃里克,鲁道夫著. 新制度经济学. 孙经纬译. 上海:上海财经大学出版社,1998.

[3] 蔡丽丽. 加快推进林业合作经济组织建设的思考与对策——以三明市为例. 三农探索,2010,70(1):51-52.

[4] 曹兴华. 以农业合作经济增长促进农业发展. 改革与战略,2010(5).

[5] 曹阳. 当代中国农村微观经济组织形式研究. 北京:中国社会科学出版社,2007,52-55.

[6] 陈晓华. 农村专业合作经济组织的建设. 农民日报,2003-2-1.

[7] 程云行,汪永红,汤肇元. 林业专业合作组织与林地产权制度研究. 林业财务会计,2004(5):35-37.

[8] 褚利明,董妍,丁丽等. 芬兰、瑞典私有林与扶持政策考察报告. 林业经济,2010(12):116-120.

[9] 戴伟娟,刘香吉. 从起源与发展看行业协会的行为逻辑. 上海商学院学报,2010,11(4):36-39.

[10] 董进才. 三类专业合作社农民政治参与比较分析. 中国农民合作经济组织发展:理论、实践与政策,2009,202-212.

[11] 董进才. 农民专业合作组织的政治参与问题研究. 农村经济,2008(2):3-5.

[12] 杜亮亮,金爱武. 林业类农民专业合作社状况分析——以浙江省丽水市为例. 林业经济,2010(5):49-53.

[13] 冯开文. 合作社的分配制度分析. 学海,2006(5):22-27.

[14] 傅圭壁,包应森,高兆蔚. 福建省集体林股份合作制创建发展与展望研究——为纪念福建省三明林业股份合作制创建25年而作. 林业经济问题,2008,28(5):461-465.

[15] 高立英,王爱民. 建设林业专业合作经济组织的经济分析. 安徽农业科学,2007,35(36):12036-12037.

[16] 国鲁来. 合作社的产生及马克思恩格斯的合作社思想. 马克思主义研究,2008

(3).

[17] 国鲁来. 农业技术创新中的农民专业协会分析. 古今农业, 2003(2), 10.

[18] 国家林业局发展规划与资金管理司. 2010年林业经济运行状况报告. 中国绿色时报(2011-1-13).

[19] 国家林业局森林资源管理司. 第七次全国森林资源清查及森林资源状况. 林业资源管理, 2010(1):1-8.

[20] 何安华, 孔祥智. 林业专业合作社发展与林权抵押贷款担保——以浙江省丽水市创新竹木专业合作社为例. 林业经济, 2009(11):53-57.

[21] 贺雪峰. 什么农村, 什么问题. 北京: 法律出版社, 2008, 134.

[22] 亨利·汉斯曼著. 企业所有权论. 于静译. 北京: 中国政法大学出版社, 2001, 3.

[23] 胡建东. 农民资金互助组织内生机制研究. 合肥: 安徽大学, 2010.

[24] 胡同泽, 刘文凯. 农民专业合作社发展的障碍因素及对策——以重庆市为例. 安徽农业科学, 2010, 38(34):19716-19719.

[25] 胡振华. 中国农村合作组织分析: 回顾与创新. 北京: 知识产权出版社, 2010.

[26] 黄和亮, 王文灿, 吴秀娟等. 影响农户参与林业合作经济组织因素分析——以福建省为例. 林业经济, 2008(9):55-58.

[27] 黄丽萍. 林业专业合作经济组织内部契约选择初探——以福建尤溪"护林联防协会"为例. 西北农林科技大学学报(社会科学版), 2009, 9(3):33-37.

[28] 黄丽萍, 王蕊蕊. 试论专业合作经济组织组建动力——以林区农民为例. 东南学术, 2010(1):34-40.

[29] 黄森慰, 张春霞. 私有林合作经营意愿影响因素分析. 林业经济, 2009(6):51-53.

[30] 黄晓玲, 王灿雄, 谢志忠等. 林业规模经济的非线性均衡分析研究. 技术经济, 2009, 28(3):38-44.

[31] 黄胜忠, 林坚, 徐旭初. 农民专业合作社治理机制及其绩效实证分析. 中国农村经济, 2008(3)65-73.

[32] 黄祖辉. 农民合作:必然性、变革态势与启示录. 中国农村经济, 2000(8).

[33] 金志霖. 英国行会史. 上海: 上海社会科学出版社, 1996, 5.

[34] 匡萍. 农民合作社的特殊产权制度及其影响. 农业经济, 2008(9):68-70.

[35] 孔祥智. 支持合作社发展政府应多管齐下. 中国合作经济, 2011(1).

[36] 孔祥智, 陈丹梅. 林业合作经济组织研究——福建永安和邵武案例. 林业经济, 2008(5):48-52.

[37] 孔祥智, 陈丹梅. 统和分的辩证法——福建省集体林权制度改革与合作经济组织发展. 北京: 中国人民大学出版社, 2008.

[38]孔祥智,何安华,史冰清等.关于集体林权制度改革和林业合作经济组织建设——基于三明市、南平市、丽水市的调研.林业经济,2009(5):17-23.

[39]拉斯·沃因,汉斯·韦坎德.契约经济学.北京:经济科学出版社,1999,14.

[40]赖庆奎.社区林业.昆明:云南科技出版社,2005.

[41]李大银,申运田,张全来等.内黄县林业生产组织现状分析与对策.河南林业科技,2009,29(2):38-40.

[42]李小云.谁是农村发展的主体.北京:中国农业出版社,1999,2.

[43]李中华,曹春燕,辛德树.国际农业合作社的发展、经验及对我国的启示.青岛农业大学学报(社会科学版),2008,20(1):46-51.

[44]林海.合作:渴望中的困惑——对农民合作意识的调查.调研世界,2007(7):28-29.

[45]林毅夫.再论制度、技术与中国农业发展.北京:北京大学出版社,2000.

[46]刘璨.中国集体林制度与林业发展.北京:经济科学出版社,2008,34.

[47]刘洋.利益相关者理论下内部控制体系研究.财会通讯(综合),2010,5(中):102-103.

[48]楼栋,孔祥智.制度变迁视角下林业股份合作社的产生、优势与挑战——以浙江省安吉县尚林毛竹股份合作社为例.林业经济,2012(8):3-9.

[49]吕杰,冉陆荣.辽宁省集体林权改革与林业社会化服务体系调查报告.林业经济问题,2008,28(2):131-135.

[50]卢现祥.西方新制度经济学.北京:中国发展出版社,1996.

[51]卢现祥,朱巧玲.新制度经济学.北京:北京大学出版社,2007.

[52]迈克尔·迪屈奇著.交易成本经济学王铁生.葛立成译.北京:经济科学出版社,1999,44.

[53]牛若峰.发展合作社与构建和谐社会.中国合作经济,2005(9).

[54]潘家华,魏后凯.城市蓝皮书:中国城市发展报告.北京:社会科学文献出版社,2010.

[55]潘劲.农产品行业协会的治理机制分析.中国农村观察,2005(5):41-81.

[56]彭光细.新制度经济学入门.北京:经济日报出版社,2014.

[57]乔羽,宋维明.农民合作组织的合作联盟博弈分析.西北农林科技大学学报(社会科学版),2012,12(3):38-43.

[58]邱梦华.新农村视野下的文化建设与农民合作.调研世界,2009(9):16-19.

[59]任大鹏.多主体下干预下的合作社发展态势.中国农民合作经济组织发展:理论、实践与政策,2009,29-31.

[60]任定方.股份合作制及其在我国的适应性.沈阳电力高等专科学校学报,2000,

2(2):70-72.

[61]斯蒂芬·P. 罗宾斯,玛丽·库尔特著. 管理学. 孙健敏等译. 北京:中国人民大学出版社,2004:16.

[62]申龙均,李中华. 农民合作社论. 北京:社会科学文献出版社,2009,65.

[63]申静,王汉生. 集体产权在中国乡村生活中的实践逻辑. 社会学研究,2005(1):113-247.

[64]沈静薇. 政府在林业合作组织中的角色和职能分析. 南京:南京林业大学,2008.

[65]沈月琴,徐秀英,吴伟光. 浙江省林业专业合作经济组织发展对策研究. 浙江林业科技,2005,25(2):79-84.

[66]世界银行. 中国农民专业协会回顾与政策建议. 北京:中国农业出版社,2006,33-34.

[67]孙涤非,曲宏成,徐善光. 辽宁省林业合作经济组织建设情况综述. 中小企业管理与科技(上旬刊),2010(4):208-209.

[68]孙红召,郑谊,袁爱荣. 河南省林业合作组织发展研究. 河南林业科技,2006,26(4):29-30.

[69]孙亚范. 农民专业合作经济组织利益分配机制分析. 北京:社会科学文献出版社,2009.

[70]唐绍欣. 非正式制度经济学. 济南:山东大学出版社,2010.

[71]王登举,李维长,郭广荣. 我国林业合作组织发展现状与对策. 林业经济,2006(5):65-68.

[72]王登举,李维长,郭广荣. 日本森林组合的作用及其基本属性分析. 林业与社会,2005,13(1):43-48.

[73]王如珍. 关于农民合作经济组织立法的思考. 中国合作经济,2004(8).

[74]王义伟. 合作社内部制度安排:基于利益分配视角的研究. 浙江大学硕士学位论文,2004.

[75]文彩云. 集体林权制度改革对农户生计的影响. 北京:中国林业科学研究院,2008,45-46.

[76]温艳萍. 民间非营利组织的社会与经济效应研究. 上海:上海人民出版社,2008,102-103.

[77]吴晓东,丁曜. 农民合作经济组织发展问题研究综述. 特区经济,2006(2):349-350.

[78]伍装. 非正式制度论. 上海:上海财经大学出版社,2011.

[79]肖雪群,况军萍,熊华平等. 林业经济合作社可行性探讨. 江西林业科技,2008

(4):54-56.

[80]谢和生,李智勇.国外林主合作组织新进展与启示.世界林业研究,2011(1):69-73.

[81]许向阳,聂影,张建华.政府在林业合作组织发展中角色定位的研究.林业经济,2007(2):52-76.

[82]徐旭初.农民专业合作:基于组织能力的产权安排——对浙江省农民专业合作社产权安排的一种解释.浙江学报,2006(3):177-182.

[83]杨丽霞,冯迎春,沈月琴等.浅谈林业专业合作社财务管理.林业经济问题,2005,25(5):275-294.

[84]杨团.借鉴台湾农会经验建设大陆综合农协.社会科学,2009(11):72-82.

[85]杨永军.关于培育和发展农村林业经济合作组织的思考.辽宁林业科技,2006(5):40-50.

[86]杨云,王义伟.合作社制度安排:演进、类型及评价.新疆农垦经济,2005(11):54-59.

[87]应若平,朱梅,钟云华.农民专业协会何去何从——以湖南省回隆县小沙江镇农民专业协会为例.调研世界,2005(10):35-37.

[88]虞和平.商会与中国早期现代化.上海:上海人民出版社,1993.

[89]苑鹏.试论合作社与股份公司的本质区别与相互联系.农村经营管理,2007(2).

[90]约翰·R.康芒斯.制度经济学.北京:华夏出版社,2009.

[91]曾华锋,聂影,王瑾.小规模林地合作经营趋势与国外经验借鉴.世界林业研究,2009,22(12):20-23.

[92]曾明星,杨宗锦.农民专业合作社利益分配模型研究.华东经济管理,2011(2).

[93]赵敏.浅析世界各地区农民合作组织特点及绩效.经济研究导刊,2011(2).

[94]张德成,李智勇,徐斌.国外发展私有林主协会的启示.世界林业研究,2009,22(2):12-16.

[95]张红宵等.集体林权制度改革:林业股份合作制向均山制的制度变迁——周源村案例分析.中国农村经济,2007(12):47-53.

[96]张明林,付春.集体选择、智猪博弈与农业组织的合作机制研究——一个林业合作社的例子.商业研究,2006,338(6):202-203.

[97]张笑寒.农村土地股份合作制的制度解析与实证研究.上海:上海世纪出版集团,2010.

[98]张旭昆.人类合作的条件.财经论丛,2003(1):8-13.

[99]张旭昆.人类形成合作关系的条件.上海立信会计学院学报,2005(4).

[100]张雪莲,冯开文.农民专业合作社决策权分割的博弈分析.中国农村经济,2008(8):61-69.

[101]张尧洪.专业合作社利益分配及利益结构演变机制研究.价格月刊,2008(373):89-91.

[102]张志才,陈琼.福建森林资源培育合作经济组织的调查与思考.福建林业科技,2007,34(1):240-246.

[103]浙江省农业厅课题组.农民专业合作社绩效评价体系初探.农村经营管理,2008(10):31-35.

[104]郑少红.深化改革创新农村经营制度——基于福建林业合作组织的实证分析.中国集体经济,2007(5):162-164.

[105]郑少红.福建农民合作经济组织制度创新研究——基于台农(台商)在闽创办产销合作社的实证分析.北京:中国农业出版社,2009.

[106]郑永明.当前农村专业合作组织主要形式和发展方向.农村经济管理,2004(9):40-42.

[107]中华人民共和国国家统计局编.2010中国统计年鉴.北京:中国统计出版社,2010.

[108]周大鸣,秦红增.参与式社会评估:在倾听中求得决策.广州:中山大学出版社,2005:42-43.

[109]诸华,马莉.大兴安岭火灾保险缺位中国1.58亿公顷森林险谁来买单.中国林业,2003(11):26-27.

[110]朱再昱,刘建堂,曹建华.林业专业合作社财务管理的特点、问题与对策.中国农业会计,2009(1):17-19.

Anderson N. M.. Enhancing the growth and economic viability of landowner cooperatives to improve sustainable forest management in the US. College Park, MD: University of Maryland, Sustainable Development and Conservation Biology, 2003.

Arrow K. J.. The Organization of Economic Activity: Issues Pertinent to the Choice of Market versus Non-market Allocations. in Analysis and Evaluation of Public Expenditures: The PPP System, Washington, D. C.: Government Printing Office, Washington, 1969(1): 47-64.

Barzel Y.. Economic analysis of property rights. Cambridge: Cambridge University Press 1997:3.

Benjamin F., Hoffman Jr.. Estimating Production of Forest Cooperative Members. U. S. Department of Agriculture, Agricultural Cooperative Service, 1985.

Carroll A. B.. Ethics and Stakeholder Management(3rd edn). Cincinnati, Ohio: South

—Western College Publishing, 1996.

Charkham J.. Corporate governance: lessons from abroad. European Business Journal, 1992(2)8-16.

Charles R. Blinn et al.. The United States: a local focus for engaging landowners. Journal of Forestry, 2007(3):245-251.

Christina B., Ljusk O. E.. A Comparison Of Characteristics Of Forest and Farm Cooperative Members, 2007(20):50-63.

Clarkson M. B. E.. A Risk Based Model of Stakeholder Theory. Toronto: The Centre for Corporate Social Performance and Ethics. University of Toronto, 1994.

Clarkson M. B. E.. A Stakeholder Framework for Analysing and Evaluating Social Performance. Academy of Management Review, 1995a, 20(1):92-117.

Cohen J. M., Uphoff N.. Rural Development Participation: Concepts Measures for Project Design Implementation and Evaluation Inthado. New York: Cornell University, 1997.

Curtis F.. Ecolocalism and sustainability. Ecological Economics, 2003(46):83-102.

Dahlman C. The Problem of Externality. Journal of Law and Economics, 1979(22):141-162.

Daniel H.. European forest owner organizations——forest owner cooperation: main figures, aims and goals. Luxembourg: CEPF, 2008:4-39.

David B. Kittredge. Forest owner cooperation around the world: where, how, and why it succeeds. Forestry Cooperatives: What Today's Resource Professionals Need To Know. Washington, DC: USDA, Forest Service, 2006:31-38.

Donald M. S., Orlin J. Scoville. Forestry Cooperatives: Organization and Performance. Agricultural Cooperative Service, U.S. DA, 2006:13-16.

Donaldson T., Preston Lee E.. The Stakeholder Theory of the Corporation: Concepts, Evidence, and Implications. Academy of Management Review (Academy of Management), 1995, 20(1):71.

Douglass C. N.. Structure and Change in Economic History. New York: Norton, 1981.

Douglass C. N.. Institutions, institutional change and economic performance. Cambridge: Cambridge University Press 1990.

Dragan N., Natasa T., Jelena M., et al.. Organization of private forest owners in Serbia compared to Austria, Slovenia and other Central European countries. Legal Aspects of European Forest Sustainable Development. Zurich: Swiss Federal Institute of Technology, 2006, 95-106..

Draheim G.. Die Genossenschaft als Unternehmungstyp, 1st edition(2nd edition 1955),

Gottingen, 1952.

Edmunds D., Wollenberg E.. Local forest management: The impacts of devolution policies. London: Earthscan Publications, 2003.

Eliers C., Hanf C. H.. Contracts Between Farmers and Farmers Processing Cooperatives: A principal – agent Approach for the Potato Starch Industry Galizz, i G · &VenturiniL · In VerticalRelationship and Coordination in the Food System · Heidelberg, Physica, 1999, 267 – 284.

Erdogan A.. Forest Cooperatives and Its Importance in Rural Poverty reduction in Turkey. Argentina: XIII World Forestry Congress, 2009, 1 – 11.

Fischer, C. S.. Networks and Places: Social Relations in the Urban Setting. London: Free Press, 1977.

Flora, C. B.. Enhancing community capitals: the optimization equation. Ames, Iowa: Iowa State University, 1997.

Flora, C. B., Flora, J. L.. Entrepreneurial social infrastructure: A necessary ingredient. The Annals of the American Academy of Political and Social Science, 1993(529):48 – 58.

Frank H. K.. Risk, Uncertainty, and Profit. Boston: Houghton Mifflin Company, 1921.

Frank E.. Peasant economics: farm households and agrarian development. Cambridge: Cambridge University Press, 1988.

Franklin J. F., Johnson, N.. Forests face new threat: global market changes; an overhaul of forest policy is needed to deal with the economic and environmental consequences of globalized production. Issues in Science and Technology, 2004, 20(4):41 – 49.

Freeman R. E.. Strategic management: A Stakeholder Approach. Melbourne: Pitman Publishing Pty., Ltd., 1984.

Freeman R. E., W. Evan. Corporate governance: A stakeholder interpretation. J. Behavioral Econom, 1990, 19(4):337 – 359.

Friedman T.. The world is flat: A brief history of the twenty – first century. New York: Farrar, Straus, and Giroux, 2005.

Furubotn E G, Richter R. Institutions and Economic Theory. Taiwan: Wu – Nan Book Company, Ltd. 2001.

Gray S. B., Kevin M. M.. The Division of Labor, Coordination Costs, and Knowledge. The Quarterly Journal of Economics, 1992(4):1137 – 160.

Hull R. B., Robertson D. P., Buhyoff G. J.. "Boutique" forestry new forest practices in urbanizing landscapes. Journal of Forestry, 102(January/February), 2004, 14 – 19.

Jerald A. J.. Association Law Handbook. Washington DC: The Bureau of National Affairs Inc., 1986.

Jody P.. Sustainable forestry cooperatives in the Midwest. (2002 – 06) http://www.uwcc.wisc.edu/info/uwcc_bulletins/bulletin_07_02.pdf.

kuo Ota. Activities and significance of forest owners' cooperatives in Japan. Proceedings of the 10th International Symposium on Legal Aspects of European Forest Sustainable Development. Sarajevo: Faculty of Forestry University of Sarajevo, 2009, 101 – 108.

Martin L.. Forest management association: a major toll to promote economic sustainability of family forestry. Economic Sustainability of Small – Scale Forestry. Finland: European Forest Institute, 2001, 93 – 100.

Mendes et al.. Forest owners' organization across Europe: Similarities and differences. Issues affecting enterprise development in the forest sector in Europe, Finland: University of Joensuu, Faculty of Forestry, 2006, 84 – 104.

Mensura N., Franc Ferlin. Experiences in establishing private forest owners' associations and their influence on the development of forest policy and legislation of Montenegro. Small scale forestry in a changing world: opportunities and challenges and role of extension and technology transfer, Bled: Slovenian forestry institute, 2010, 512 – 524.

Mersudin A. et al.. Organization of private forest owners in Serbia and Bosnia – Herzegovina: socio – economical characteristics and political indicators. Small scale forestry in a changing world: opportunities and challenges and role of extension and technology transfer, IUFRO conference, Bled, Slovenia, 6 – 12 June 2010.

Michael J. J.. Evaluation of Honduran forestry cooperatives: five case studies. Michigan: Michigan Technological University, 2003, 77 – 79.

Mitchell A., Wood D.. Toward a Theory of Stakeholder Identification and Salience: Defming the Principle of Whom and What Really Counts. Academy of Management Review, 1997, 22(4): 853 – 886.

Nathaniel M. A.. Enhancing the growth and economic viability of landowner cooperatives to improve sustainable forest management in the United States. Maryland: Sustainable Development and Conservation Biology University of Maryland, May 2003.

North D C. Institutions, Institutional Change, and Economic Performance [M]. Cambridge: Cambridge University Press, 1990..

Oliver E. W.. Markets and Hierarchies, Analysis and Antitrust Implications: A Study in the Economics of Internal Organization. New York: Free Press, 1975.

Oliver E. W.. Credible Commitments Further Remarks. The American Economic Review,1984,17(3):488-490.

Oliver E. W.. The economic institution of capitalism: firm, markets, relational contracting. New York: Free Press, 1985.

Olson M.. The Logic of Collective Action: Public Goods and the Theory of Groups (Revised edition ed.). Harvard University Press, 1965.

Pamela J.. Forestry Cooperatives: What Today's Resource Professionals Need To Know. U.S. Department of Agriculture, Forest Service, 2006, 1-2.

Ribe R.. Is scenic beauty a proxy for acceptable forest management? The influence of environmental attitudes on environmental perceptions. Environment and Behavior, 2002, 34(6):757-780.

R. B. Hull, Sarah A.. Forest cooperatives revisited. Journal of Forestry, 2008(3):100-105.

R. H. Coase. The Nature of the Firm. Economica, 1937, 4(16):386-405.

Rachael B.. Opportunities and barriers for small-scale and community forestry access to carbon markets: a literature review. USA: Rubenstein School of Environment and Natural Resources University of Vermont, 2010, 5-29.

Sarah F. A.. A Study of Cooperative Ventures Addressing the Needs of Forest Landowners in Southern Appalachia. Master thesis, Department of Forestry, Virginia Tech, Blacksburg, VA, 2006.

Sarah F. A. et al.. Forest Management in the Interface: forest cooperatives. Florida: The School of Forest Resources and Conservation, Florida Cooperative Extension Services, Institute of Food and Agricultural Sciences, University of Florida, 2006, 1-7.

Shaffer, R.. Farm tractor logging for woodlot owners (Publication 420-090). Blacksburg, VA: Virginia Cooperative Extension, 1992.

Shook S. R., Zhang Y., Wagner F.. Wood products cooperatives: overview and exploratory analysis. Forest Products Journal, 2001, 51(3):25-33.

Smith T. B.. The Policy Implementation process. Policy Science, 1973(4).

Starik M.. The Toronto Conference: Reflections on Stakeholder Theory. Business and Society, 1994(33):89-95.

Stephen P. R., Mary K C.. Management. Pearson Prentice Hal, 2007.

Theodore W. S.. Institutions and the Rising Economic Value of Man. American Journal of Agricultrual Economics, 1968, 50(5).

Vitaliano P.. Cooperative Enterprise: An Alternative Conceptual Basis for Analyzing a Complex Institution, American Journal of Agricultural Economics, 1983(65):1078-1083.

Wheeler D.. Including the Stakeholders: The Business Cade. Long Range Planning, 1998, 31(2):201 – 210.